全国教育科学“十二五”规划2012年度教育部重点课题
“对口支援新疆高中班实施中华优秀传统文化教育的实践研究”

中华优秀传统文化教育校本课程丛书

中华传统文化教育

（修订版）

“对口支援新疆高中班实施中华优秀传统文化教育的实践研究”课题组　编写

谷荣生　曹维栋　陶学斌 ◎ 主编

安徽师范大学出版社
·芜湖·

责任编辑：胡志恒　孙新文
封面绘画：陈德民
装帧设计：任　彤

图书在版编目(CIP)数据

中华传统文化教育 / 谷荣生，曹维栋，陶学斌主编．—芜湖：安徽师范大学出版社，2016.10 (2019.7 重印)

ISBN 978-7-5676-2668-3

Ⅰ．①中…　Ⅱ．①谷…　②曹…　③陶…　Ⅲ．①中华文化－中学－教材　Ⅳ．①G634.301

中国版本图书馆CIP数据核字(2016)第229039号

中华传统文化教育

谷荣生　曹维栋　陶学斌　主编

出版发行：安徽师范大学出版社
芜湖市九华南路189号安徽师范大学花津校区　　邮政编码：241002
网　　址：http://www.ahnupress.com/
发 行 部：0553-3883578　5910327　5910310(传真)　E-mail：asdcbsfxb@126.com
印　　刷：安徽芜湖新华印务有限责任公司
版　　次：2016年10月第1版
印　　次：2019年7月第3次印刷
规　　格：890 mm×1240 mm　1/16
印　　张：6.75
字　　数：128千
书　　号：ISBN 978-7-5676-2668-3
定　　价：35.00元

中华优秀传统文化教育校本教材丛书编写组

主　　编:谷荣生　曹维栋　陶学斌

参编成员:吴望民　后世明　陈宏宝

陈德民　汪红俊　祝玉飞

宋苏宝　施　政

致同学们

怎么看待这门课程

同学们，当你们拿到《中华传统文化教育》这本书时，可能会有这样的疑问：传统文化需要教育吗？中国的传统文化，离我们的现实生活太远了，我们青少年学生了解和学习传统文化的知识有什么意义？其实，传统文化与我们的现实生活仍息息相关，它像空气一样，无所不在、无时不有，时时刻刻在影响着我们的精神生活和社会生活的方方面面。如现在人们最熟悉的春节、元宵节、端午节、中秋节等就是从遥远的古代一直传承下来的节日民俗，这就是传统文化。我们现在所提倡的“自强不息，厚德载物”“修身、齐家、治国、平天下”“天下兴亡，匹夫有责”“先天下之忧而忧，后天下之乐而乐”“父慈子孝、兄友弟恭”“天人合一”“以和为贵”等博大精深的中华文化，正是源远流长的中华民族精神在中国历代优秀文化中的积淀与升华……总之，在现实生活中，我们时时处处都能感受到传统文化对当代社会所产生的深远影响。

青少年是祖国的未来和希望。但是，目前却有相当部分的青少年对我国几千年来的传统文化知之甚少，许多优良传统并没有得到很好地继承。由于对优秀传统文化的漠视，加上经济全球化浪潮席卷中国，多种西方文化及价值观对我国社会尤其青少年的影响越来越大，直接导致了我国青少年的优秀传统文化素养每况愈下，世界观、人生观、价值观发生了严重的偏向，以致在青少年学生中产生了一系列的问题，严重影响了青少年的健康成长。习近平总书记在十九大报告中明确指出：“文化是一个国家、一个民族的灵魂，文化兴国运兴、文化强民族强。”“坚持全民行动、干部带头、从家庭做起，从娃娃抓起。深入挖掘中华优秀传统文化蕴含的思想观念、人文精神、道德规范，结合时代要求继承创新，让中华文化展现出永久魅力和时代风采。”因此，加强中华优秀传统文化教育，不仅关系到我们青少年的健康成长，更关系到祖国优秀传统文化的传承和发展，关系到中华民族的存亡与复兴！

同学们，通过对中华传统文化知识的学习，你们将能够初步认识到我国传统文化精神的丰厚博大，并从中吸收到传统文化的伟大智慧，增强中华民族和中华文化的自信心和自豪感，增强对中华文化的认同感、国家的认同感、中华民族的认同感和中国特色社会主义道路的认同感；还有，学习这门课程，能够帮助自己学会感恩、遵纪守法、诚实守信，提高自己的思想道德素质和科学文化素养，不断丰富自己的精神世界，把自己培养成高素质高层次的德才兼备的有用人才，从而为我国各民族之间的友好交流、民族的团结进步、新疆的稳定和发展作出自己应有的贡献。

如何阅读这本教材

首先，要了解这本教材的编排结构。本教材的结构分单元、课、框、目四个层次。

◎ 单元，都有各自的序言，简要地告诉你本单元的主要内容和学习的意义。

◎ 课，下设导言，有承上启下的作用，也帮助你明了本课所要讲述的主题。

◎ 框，考虑到学习的进程，其内容大体按一课时安排。

◎ 目，既是构成课文的基本单位，又是学习过程的基本环节。

其次，你需要知道：本教材的正文与辅助文的不同要求。

▶正文，是学习的主体内容，包括宋体内容部分和穿插其间由其他几种字体呈现的引导思维活动内容部分。这两部分在呈现方式上有所区别，但在内容上是密切相关、相互呼应、浑然一体的。

▶辅助文，其中“专家点评”“专家评述”是对疑难问题的解析和拓展性说明；“相关链接”是对事例、资料、数据的引证和表述；“名人故事”是对有关人物文化贡献和影响的简要介绍。“名词点击”是对相关名词的来源和意思的解析。此外，提供一些富有哲理和教育意义的经典语录。辅助文的功能是帮助你加深对课文内容的理解。

最后，你应该注意，每个单元的每课的内容中，基本上都有相关的活动探究内容安排，这是学习中不可缺少的内容。它既具有融会贯通本单元相关知识的功能，又具有培养我们综合运用知识能力的功能。这是我们进行学习的重要环节。

明确了学习本教材的意义和阅读本教材的方法之后，让我们共同走进《中华传统文化教育》的学习，真正体验中华优秀传统文化的无穷魅力。

预祝你学习成功！

目 录

第一单元
人民的精神家园

中华传统文化源远流长、博大精深，是我们这个民族生生不息之魂，是人类文明长河中的璀璨瑰宝，更是我们中华民族自豪与自信的基础和源泉。翻开中国上下五千年的历史，中华民族其实就是一部鸿篇巨幅的文化发展长卷，中华文化像纵横的血脉一样，使中华民族成为一个历史悠久、自强不息、精诚团结的民族共同体。在中华民族的发展过程中，无一不是中华文化贯穿始终、一脉相承，无一不是把中华文化作为民族振兴和独立解放的精神支撑和动力。作为当代中国的青年，我们应该如何延续民族的血脉、构建我们中华民族的精神家园呢？又应该如何引领文化自信的新风潮，为中国梦提供精神动力？通过本单元的学习，我们将会从源远流长、博大精深的中华文化中汲取丰富的精神营养和发展智慧，把中华文化传承好、发展好，共同筑牢中华民族的精神家园，为实现中华民族伟大复兴的中国梦凝聚强大的文化力量。

第一课　民族的血脉　精神的家园

中华民族是一个由56个民族组成的民族大家庭。中华文化是各民族人民共同缔造的。中华文化像纵横的血脉一样，使中华民族成为一个源远流长、自强不息、精诚团结的民族共同体。中华文化是中华民族共同的精神家园。断了血脉，生命堪虞！无精神家园，魂归何处？我们应该如何延续民族的血脉、构建我们中华民族的精神家园呢？

· 中华民族的血脉 ·

新疆班学生在认真练习《千字文》碑帖

2013年12月7日下午，当涂二中新疆班书法社、文学社等近20名社团学生来到当涂县太白公园，参观坐落在园内的中国《千字文》碑帖陈列馆。陈列馆内的工作人员热情地向同学们介绍了《千字文》的由来以及《千字文》中所承载的中国的人本思想和自强不息的拼搏精神等传统文化价值。

新疆班学生在参观《千字文》碑帖

▶说一说新疆班学生参加这样的文化活动，对提升自身的文化素养有什么积极意义。

▶你参加过学校组织的哪些文化活动？能说一说参加这些活动的感受吗？

文化是人类社会特有的现象。文化是由人所创造、为人所特有的。有了人类社会才有文化，文化是人们在长期实践中创造和形成的产物。文化到底是什么呢？一般来说，文化是相对于经济、政治而言的人类全部精神活动及其产品。其中，既包括世界观、人生观、价值观等，又包括自然科学和技术、语言和文字等。人们的精神活动离不开物质活动，精神产品离不开物质载体。

文化是一种精神力量，它能够在人们认识世界、改造世界的过程中转化为物质力量，对社会发展产生深刻的影响。这种影响，不仅表现在民族和国家的历史中，而且还表现在个人的成长中。文化是人创造的，文化又影响着每一个人。文化对人的影响，来自于特定的文化环境，来自于各种形式的文化活动。文化对人的影响表现在方方面面。这种影响是潜移默化的，也是深远持久的。优秀文化能够丰富人的精神世界，增强人的精神力量，促进人的全面发展。

专家点评

文化，从一定意义上讲，就是特定民族在长期的共同生活中凝结下来的带有稳定性的价值观念、思维方式、共同心理乃至风俗习惯等观念东西的总和。

文化具有非常丰富的形式，如思想、理论、信念、信仰、道德、教育、科学、文学和艺术等都属于文化；人们进行文化生产、传播、学习、积累的过程，都是文化活动。

文化是一个民族区别于其他民族的主要标志，是一个国家和民族品格的集中体现。一个民族的文化，反映着这个民族共同的精神追求、思维方式、行为准则，是民族凝聚的精神纽带。

强大的凝聚力

文化深深熔铸在民族的血脉之中，是民族生存发展永恒的精神支撑和力量源泉。文化是一个国家、一个民族的灵魂。一个民族和国家，如果没有自己的精神支撑，就等于没有灵魂，就会丧失凝聚力和生命力。

中华民族形成的历史，是中国各民族不断融合、共同发展的历史，是中华民族的亲和力、向心力、聚合力不断增强的历史。中华民族是历史形成的命运共同体，维系这个命运共同体的基本纽带是文化认同。这种文化认同，随着历史的进程而不断加深加固，构成了中华文化的血脉，同时也是中华民族的血脉。

专家点评

翻开中国上下五千年的历史，中华文化其实就是一部鸿篇巨幅的文化发展长卷。从我们祖先创造发明甲骨文开始，到老子、孔子、墨子等诸子百家盛况，再到范仲淹的“先天下之忧而忧，后天下之乐而乐”的政治抱负，以及“人生自古谁无死，留取丹心照汗青”“鞠躬尽瘁，死而后已”的献身精神等，都无一不是中华文化贯穿始终、一脉相承，都无一不是把中华文化作为民族振兴和人民解放的精神支撑和动力。

中华民族是一个由56个民族组成的民族大家庭。中华各民族的文化，既有中华文化的共性，又有各自的民族特性。在长期的历史发展中，中华各民族的文化相互交融、相互促进，共同熔铸了灿烂的中华文化。中国各族人民对共同拥有的中华文化的认同感和归属感，显示了中华民族厚重的文化底蕴和强大的民族凝聚力，使中华民族自立于世界民族之林。

> 只有坚持从历史走向未来，从延续民族文化血脉中开拓前进，我们才能做好今天的事业。
>
> ——习近平

名词点击

认同感，是指人对自我及周围环境有用或有价值的判断和评估。一般来说，文化认同感，是指对本民族或地区文化表示赞同、欣赏的一种心理情感。民族认同感也是民族认同意识，即民族认同性，它是同一民族的人感觉到大家是同属于一个人们共同体的自己人的这种心理。

归属感，或称隶属感，指个人自己感觉被别人或被团体认可与接纳时的一种感受。一般来说，文化归属感，是指根植于本民族文化中并对本民族文化的顺从、依恋的一种心理状态和存在程度。

新疆是我国多民族聚居的地区，少数民族传统文化在此源远流长，表现形态各异、特色鲜明。新疆各少数民族不仅继承着传统的生活方式、风俗习惯和禁忌心理，保留着本民族传统文化的优秀基因和内核，而且还在社会发展过程中，通过与其他民族的交流融合，不断地吸收异质文化。新疆少数民族对其他民族传统文化的了解、尊重、接纳、借鉴等，都在不同程度上加速了民族间的认同，各民族在相互吸纳、包容的过程中增进了平等、团结、互信、互助，增强了中华民族的认同感和归属感，促成了中华民族大家庭的和谐。

新疆各民族人民在160多万平方千米的土地上劳动、繁衍、生息。同在蓝天下，大家你中有我，我中有你，血脉相连，互帮互助，都是一家人。

作为一个中国人，我们都应该热爱和珍视中华文化，为灿烂的中华文化感到骄傲和自豪，自觉地用自己的实际行动，积极地弘扬和传播中华文化，让中华文化的血脉永远延续下去。

维吾尔族舞蹈

相关链接

民族团结是新疆各族人民的生命线，这条生命线已浸润到了各族人民的骨骼血脉中，构筑起了你中有我、我中有你、水乳交融的血肉关系，形成了守望相助、休戚与共、和谐发展的良好局面。

哈力克·买买提是托克逊县夏乡巴扎尔村一名普通的维吾尔族退伍军人。陶辉，新疆军区某部一名排长。是人间真情和民族大爱把这两个不同民族的人联结在了一起，并且成为一家人。22年前，靠打工为生的陶金来带着失去母亲的儿子陶辉，租住在哈力克·买买提家。后来，陶金来因病去世。从此，陶辉成为哈力克·买买提家的第4个孩子，他在这个温暖的维吾尔族家庭中幸福成长。陶辉考上大学成为一名优秀军官后，知恩图报，用实际行动回报家庭、社会，孝敬养父母、维护民族团结。

哈力克·买买提一家的感人事迹经新闻媒体集中报道后，在天山南北乃至全国引起热烈反响，他们的先进事迹是新疆各族军民同呼吸、共命运、心连心，携手共建美好家园的生动体现。从他们身上，我们看到了各民族兄弟姐妹相融相亲、甘苦与共、团结互助的民族大爱，看到了军民团结进步、共创和谐稳定的强大力量。这种民族大爱和强大力量，是增进社会和谐、促进社会发展的重要保证，是维护民族团结、实现民族复兴的精神动力，送达给人民群众的是驱散阴霾的信心力量，展现给社会的是新疆发展稳定的正面效应，其示范引领作用是巨大的，留给我们的思考启示也是深刻的。

——摘自2013年7月29日“亚心网”

·人民的精神家园·

新疆班开展“迎新年 进社区 送春联”活动

为“弘扬传统文化，守护精神家园”，在2015年春节来临之际，1月29日上午，当涂二中新疆班书法社、青年志愿者等社团同学来到行陈社区，开展“迎新年 进社区 送春联”活动。同学们将写好的春联，送到市民的手中。这一活动受到市民们的称赞和欢迎。

▶如今，亲手写春联的人越来越少了，很多人家春节所贴的春联大都是从市场上买现成的，这种买来的春联，有人认为只要喜庆就行了，春节照样过，也有人认为还是少了一点儿年味。你是怎么看的？

▶每年春节你家门上所贴的春联也是买来的吗？你有没有为家里或别人家写过春联？

▶除了贴春联，你家还会贴哪些东西？

对于一个人来说，有了精神家园的支撑，人就有了安顿感、温馨感和幸福感，人的生活才有意义，如果失去精神家园，人就会感到精神空虚和不知所措，甚至发生心灵扭曲和变形；对一个民族来说，精神家园是民族生命力的精神之母、民族创造力的精神之源、民族凝聚力的精神纽带、民族团结奋进的精神动力，如果精神家园陈旧甚至缺失，即使经济成就斐然，也很难跻身于世界民族之林。

中华民族之所以能够历经数千年而不断繁荣昌盛，经历了无数次坎坷失败后依然能勇猛崛起，其重要原因之一就是：我们一代又一代先人创造了绵延不断的符合社会发展趋势的核心价值体系，并以此为精神支柱创造了我们中华民族生生不息的精神家园。

名词点击

精神家园，指的是人们精神生活、精神支柱、精神动力和精神信仰的总和。

中华民族共有精神家园，是整个中华民族共同依托、共同传承、共同发扬的文化精神、价值观念和情感态度的总和，是中华民族赖以生存和发展的精神财富，是中华民族生生不息、团结奋进的精神动力。

中华文化是中华民族延续的血脉，它凝聚着中华民族对自身历史、对世界的认知和感受，是中华民族的精神摇篮。它孕育、滋养了中华民族共同的情感和价值、共同的理想和共同的奋斗精神，是中华民族共同的精神家园。中华民族共有精神家园，是中华民族认同和尊崇的心灵寄托、灵魂和精神归宿的安身立命之所。

相关链接

“和”文化是中国人的血脉

习近平总书记说：“中华文化崇尚和谐，中国‘和’文化源远流长，蕴涵着天人合一的宇宙观、协和万邦的国际观、和而不同的社会观、人心和善的道德观。”

600多年前，郑和受命出使西洋，足迹遍及30多个国家和地区。明朝初期的中国，是综合国力位居世界前列的强国。但是，与地理大发现时期欧洲国家的殖民政策不同，郑和船队始终奉行“共享太平之福”的宗旨，尊重当地习惯，平等开展多边贸易，把中国在建筑、绘画、雕刻、服饰等领域的精湛技术带入亚非国家，促进了中外文化的双向交流和共同进步。作为“和平使者”，郑和下西洋的“和平之旅”永载史册。

明朝洪武年间，缅甸与百夷（今缅甸北部）交战，明太祖未发一兵，派李思聪、钱古训二人劝和。二人先奉劝缅甸“两国之民居处虽分，惟存关市之讥。是其和也，其或忿争不已，天将昭鉴福善祸淫”，又告诫百夷“莫如守全，以图绵长，不亦美乎”。双方均为道义所感悟，领会启动战端于人于己均不利，最终罢战息兵。

历史是最好的老师。两则史料，从一个侧面反映出中国人崇和、尚和、护和的文化理念。事实上，小到修身养性、齐家交友，大到治国理政、邦交抚远，都离不开“和”的价值守则。对于中国人来说，以和为贵、与人为善，信守和平、和睦、和谐，是生活习惯，更是文化认同。可以说，没有“和”的滋养，就没有中华民族的强大凝聚力；没有“和”的润泽，就没有中华文明的生生不息。

在中华民族的精神家园里，丰富多彩、博大精深的中华文化，像阳光、空气和水分一样时时刻刻滋润着我们民族的生命，更新着我们民族的文化基因和精神生活。在经济全球化不断加速、文化影响力日益增强的今天，建设中华民族共有精神家园不仅具有十分重要的现实意义，而且还具有非常深远的历史意义。

相关链接

贴春联、福字

每逢春节，我国民间家家要贴春联，以表达对美好生活的追求与向往。

春联的起源还要从桃符说起。古代传说东海度朔山有大桃树，桃树下有神荼、郁垒二神，主管万鬼。如遇作祟的鬼，他们就把它捆起来喂老虎。后来，民间在春节的时候，为驱避鬼怪，便在桃木板上画上这两个神像，这就是桃符。到了五代的时候，后蜀孟昶亲自在桃符上题了“新年纳余庆，嘉节号长春”一联，一般都把它看做是最早的春联。到了宋代，春节贴对联已经成为一种风俗了。王安石诗中就写过：“千门万户曈曈日，总把新桃换旧符。”用红纸书写春联始于明朝。

福文化是中国最古老的传统文化。究竟何为“福”？抽象地说：福是人们根据自身渴求，对物质、精神及平安健康状态的综合性追求或对某一方面或多方面的追求。人们是如此的祈盼“福”，以至于希望能将福文化渗入到生活的点点滴滴中去。

构建中华民族共有精神家园，是实现中华民族伟大复兴的必然要求。精神家园是建立在文化认同基础上的精神文化和价值体系，其核心是共同理想和信念。中国梦为构建中华民族共有精神家园提供了信念支撑，它以个人成功与人们共同幸福为目标，凝结着中华民族的共同利益追求。中国梦，不仅为实现中华民族伟大复兴指明了正确方向，而且也赋予中华民族共有精神家园以崭新内容。

实现中华民族伟大复兴的中国梦，是以习近平同志为核心的党中央对全体人民的庄重承诺，是全党全国各族人民共同的奋斗目标。当前，我们要以实现中国梦为目标，以实现国家富强、民族振兴、人民幸福为共同理想，坚守走中国道路、弘扬中国精神、凝聚中国力量、坚持和平发展的信念。

相关链接

中国梦为构建中华民族共有精神家园描绘了理想世界

中国梦

习近平同志指出："实现中华民族伟大复兴，就是中华民族近代以来最伟大的梦想。这个梦想，凝聚了几代中国人的夙愿，体现了中华民族和中国人民的整体利益，是每一个中华儿女的共同期盼。"

习近平同志站在新的历史高度，科学总结近代以来中华民族的历史实践，全面概括我国现阶段和今后一个时期的国家诉求、民族诉求、人民诉求，强调实现中华民族伟大复兴的中国梦，就是实现国家富强、民族振兴、人民幸福。这就把"中国特色社会主义共同理想"民族化、具体化、通俗化，为构建中华民族共有精神家园描绘了理想世界。

国家富强是中国梦的第一要义。国家不仅是民族的物质载体，也是民族的精神依托。国家是促使中华儿女形成中华民族向心力、凝聚力和创造力的精神源泉和精神依托，是中华民族这一大家庭为每个中华儿女提供温情感、安全感、幸福感、归属感、自豪感的统一体。民族振兴是中国梦的主题，也是国家富强的标志。人民幸福是中国梦的出发点和落脚点。中国梦是国家梦、民族梦，归根到底是人民梦，是人民生活幸福、人生出彩的梦。国家梦、民族梦只有同个人梦融合统一起来，才有生命、根基和力量。

实现中国梦，必须走中国道路、弘扬中国精神、凝聚中国力量。凝聚民族精神的思想内核，就必须弘扬中华民族的优秀传统文化。古老的中华文明曾经为世界作出了独特贡献，今天，中国传统文化依然能以自己独特的魅力，助力中华民族的伟大复兴，推动中国梦的实现。

相关链接

实现中国梦必须走中国道路。中国道路就是中国特色社会主义道路，这是一条适合中国国情的发展道路。30多年来，中国人民坚定沿着这条道路开拓前行，取得了举世瞩目的辉煌成就。用中国梦构建中华民族共有精神家园，就是要不断强化道路自信、理论自信和制度自信，努力使全党全国各族人民对这条道路产生坚定认同，在实践中努力拓展这条道路，使这条道路越走越宽广。

实现中国梦必须弘扬中国精神。中国精神就是以爱国主义为核心的民族精神和以改革创新为核心的时代精神。有了实现梦想的正确道路，还需要有精神动力。我们党之所以能够从千辛万苦、千难万险中走出来，就是因为有强大的精神支撑。在中国特色社会主义道路上继续推进中华民族伟大复兴，必然充满可以预见和难以预料的挑战和困难。因此，必须弘扬中国精神。中国精神是凝心聚力的兴国之魂、强国之魂。用中国梦构建中华民族共有精神家园，就是要大力弘扬中国精神，增强民族自尊心、自信心和自豪感，激发全民族的创造活力。

实现中国梦必须凝聚中国力量。人民群众是历史的创造者，只有紧紧依靠人民，广泛调动人民群众的积极性、主动性和创造性，最大限度地凝聚中国力量，才能实现中华民族伟大复兴的中国梦。

实现中国梦必须坚持和平发展。实现中华民族伟大复兴，对内讲，就是要使国家富强、民族振兴、人民幸福；对外讲，就是对人类生存发展作出更大贡献。中国梦是在与世界的互动合作中推进的，实现中国梦必将给世界各国带来长久和平和更多机遇。

在中华民族艰难而辉煌的发展历程中，优秀传统文化薪火相传、历久弥新，始终为中华儿女提供精神支撑和心灵慰藉。近代以来，中华民族经历千年未有之大变局，但中华优秀传统文化不仅弦歌不绝，而且浴火重生，在马克思主义中国化的发展进程中，日益成为中国特色社会主义先进文化的重要思想资源，日益成为中华民族共有精神家园的重要支撑，日益成为新时代鼓舞人民奋勇前进的强大精神力量。

文化既是民族的血脉，更是人民的精神家园。人类社会发展的历史证明，一个民族，物质上不能贫困，精神上也不能贫困，只有物质和精神都富有，才能自尊、自信、自强地屹立于世界民族之林。

第二课 高度自信的中华文化

五千年中华文明薪火相传，是我们的基因根脉；包容借鉴世界文明成果，是我们兼收并蓄的胸襟气度。源远流长、博大精深的中华文化，已为世界上越来越多的人所接受和欣赏。有没有文化自信，关系到一个国家有没有精神独立性。如果没有自己的精神独立性，那就谈不上政治、思想、文化、制度等方面的自信。我们应该如何树立文化自信，弘扬中华文化，努力建设社会主义文化强国？

· 源远流长的中华文化 ·

新疆班同学参观马鞍山市博物馆

2014年2月2日（甲午年正月初三）上午，当涂二中新疆班60多名同学来到马鞍山市博物馆参观和学习。

讲解员带领同学们参观了馆内的“碧水东流至此回——马鞍山历史文化展”。展厅里的每个精美的展品和先进的多媒体设备让同学们欣喜不已，都情不自禁的驻足欣赏和亲身体会。

通过参观和学习，同学们充分感受到了马鞍山市源远流长的历史文明进程。

▶每年春节前后，当涂二中都要组织新疆班同学前去参观马鞍山市博物馆。每次参观结束后，同学们都感触颇深，大家表示明年还要继续过来参观。

请同学们结合自身的感受谈一谈中学生参观博物馆对提升自己的文化素养方面的重要作用。

中国是历史最悠久的文明古国之一，中华文明是世界上最古老的文明之一，也是世界上持续时间最长的文明。中华文明是世界古代文明中始终没有中断、连续5000多年发展至今的文明。探访人类文明的发祥地，那些曾经与中华文明相伴而行的古老文明，有的衰落了，有的消亡了，有的融入了其他文明。而起源于黄河、长江流域的中华文明虽历经沧桑，却犹如浩浩荡荡的黄河、长江，奔流不息，始终显示出顽强的生命力和无穷的魅力。源远流长是中华文化的基本特征之一。

> 一定要通过学习树立对五千多年文明的自豪感，树立文化的自信、民族的自豪感。
>
> ——习近平

知识链接

中华世纪坛

大风泱泱，大潮滂滂。洪水图腾蛟龙，烈火涅槃凤凰。文明圣火，千古未绝者，唯我无双；和天地并存，与日月同光。

中华文化，源远流长；博大精深，卓越辉煌。信步三百米甬道，阅历五千年沧桑。社稷千秋，祖宗百世，几多荣辱沉浮，几度盛衰兴亡。圣贤典籍，浩如烟海；四大发明，寰球共享。……

登坛远望：前有古人，星光灿烂；后有来者，群英堂堂。看乾坤旋转：乾恒动，自强不息之精神；坤包容，厚德载物之气量。继往开来，浩浩荡荡。立民主，兴文明，求统一，图富强。中华民族伟大复兴，定将舒天昭晖，磅礴东方。……

——摘自《中华世纪坛序》

相关链接

陶寺遗址及其文化 佐证五千年中华文明

襄汾陶寺遗址

陶寺遗址，位于山西南部临汾市襄汾县城东北约7公里的陶寺镇，遗址面积也有280万平方米以上。1978—1985年，中国社会科学院考古研究所山西第二工作队协同临汾地区文化局，为了寻找历史上夏王朝的踪迹，探索夏文化，进一步了解原始社会，对陶寺遗址的普通居住址和早期大贵族墓地进行了大规模的发掘，获得陶器、石器、礼乐器、装饰品等数量繁多的精美文物，揭开陶寺遗址的神秘面纱。特别是红铜铸造铜铃与类似文字符号的发现，引起海内外关注，也为中华文明的起源与礼制研究，提供了珍贵的重要材料，陶寺文化得以确立。

由中国社会科学院考古研究所和山西省文物局等联合主办的“陶寺遗址与陶寺文化”暨《襄汾陶寺——1978—1985年发掘报告》出版研讨会2015年12月12日在北京举行。专家和学者认为，陶寺遗址与文献记载的尧都有相当高的契合度，陶寺遗址全面拥有文明起源形成的要素和标志，在陶寺遗址时期中国就已经进入文明阶段。陶寺遗址及陶寺文化，从物质文明、精神文明到制度文明，是生生不息的中华文明核心的主要源头之一。陶寺遗址的一系列新发现，成为佐证“五千年中华文明”的重要依据，是生生不息的中华文明核心的重要源头。

陶寺遗址，是尧的都城，是最早的“中国”。

土鼓

玉钺

龙盘

铜齿轮形器

陶寺遗址出土的部分物件（资料照片转引自新华网）

·博大精深的中华文化·

2008年8月8日晚上8时，北京奥运会开幕式所展示的深厚的中国传统文化惊艳了世界，赢得了世界各国人民的赞叹。一张画卷，上下五千年的沉淀，中国传统文化完成了一次最自信的展示。中国传统文化博大精深、源远流长，在数千年积累的历史长河中，无论丝绸、陶瓷、汉字、文房四宝、四大发明还是戏曲、礼乐、水墨画、太极，抑或是“有朋自远方来不亦乐乎”的礼仪还是“以和为贵”的传统文化精神、“天人合一”的价值观，浸染着数千年来的中华民族。中华民族繁衍不息，是与中国深厚的传统文化代代传承分不开的。

2008年北京奥运会会徽

►2008年奥运会会徽蕴含了深厚的文化内涵：她传承了中华文明的印章文化、龙文化、玉文化、结文化，向世界彰显中国独一无二、博大精深、丰富多彩的文化遗产和民族精神。奥运会会徽所蕴含的深厚文化内涵，给了我们怎样的文化思考？

2008年北京奥运会吉祥物

福娃（英文名称原定为Friendlies，后来改为Fuwa，即其拼音），是北京2008年第29届奥运会吉祥物，其色彩与灵感来源于奥林匹克五环，来源于中国辽阔的山川大地、江河湖海和人们喜爱的动物形象。福娃向世界各地的人们传递友谊、和平、积极进取的精神及人与自然和谐相处的美好愿望。福娃是五个可爱的亲密小伙伴，他们的造型分别融入了鱼、大熊猫、奥林匹克圣火、藏羚羊以及沙燕风筝的形象。每个娃娃都有一个朗朗上口的名字："贝贝""晶晶""欢欢""迎迎"和"妮妮"。在中国，叠音名字是对孩子表达喜爱的一种传统文化方式。当把五个娃娃的名字连在一起时，你会读出北京对世界的盛情邀请"北京欢迎你"。福娃代表了梦想以及中国人民的渴望。

▶请同学们上网查一查"五福娃"的相关资料，了解一下"五福娃"的设计所蕴涵的中华文化的深刻含义。

中华文化的内容极为丰富，从形式上看，既包括教育、历史、哲学、道德方面的内容，也包括文学、艺术、科学技术方面的内容。从内容上看，包括物质文化和精神文化。饮食、衣着、住宅、生产工具属于物质文化的内容；语言、文字、文学、科学、艺术、哲学、宗教、风俗、节日和传统等属于精神文化的内容。中华文化有独具特色的语言文字、浩如烟海的文化典籍、名扬世界的科技工艺、异彩纷呈的文学艺术、充满智慧的中国哲学和完备而深刻的道德伦理等，无不体现着中华文化的博大精深。

博大精深

专家点评

中华文化创发之始首推《易经》。自古以来即有"群经之首""天人之学""万经之王"与"百家之宗"的美誉。

《易经》的哲学思想博大精深，是华夏五千年智慧与文化的结晶，它用阴阳两种符号的不同排列组合模拟各种事物的变化规律，是老子、孔子等诸子百家思想的总源头。《易经》的奥妙并不在于那些带有神秘色彩的卦象，而在于它是一种哲学的世界观与方法论，成为人们观察世界、解释世界的工具，提供了一个系统认识和理解自然万物变化关系和发展趋势的一种哲学方法和思维方式，探讨宇宙人生变化发展规律的模型。因而《易经》是一部思想深邃的人生哲理和哲学著作，列群经之首成为中华文化的活水源头。

《易经》不但深刻地影响着中华民族的思维方式、思想文化观念和人文性格，也对世界的发展产生了深刻影响。黑格尔曾经感叹道：《易经》代表了中国人的智慧，一生中最大的遗憾乃是没有完全学透中国的《易经》。

中华文化之所以源远流长、博大精深，一个重要原因在于它所特有的包容性，即求同存异和兼收并蓄。求同存异，就是能与其他的文化和睦相处；兼收并蓄，就是能在文化交流中吸收、借鉴其他民族文化的积极成分。中华文化是开放包容的文化。它曾经多次受到外来文化的冲击，但没有被击垮，而总是以刚毅的品格抵抗错误思想的渗透，同时以博大的胸怀汲取世界优秀文化。在五千年的中华文化史上，有两次大的文化传入：一次是佛教的传入，一次是近代西方文化的传入。中华文化每每都以海纳百川的气概和高度的自信将其精华包容进来，充实自己的精神家园。

相关链接

新疆和田地区出土的汉代“五星出东方利中国”织锦

汉代蜀地织锦护臂“五星出东方利中国”为国家一级文物，中国首批禁止出国（境）展览文物。该织锦被誉为20世纪中国考古学最伟大的发现之一。1995年10月，中日尼雅遗址学术考察队成员在新疆和田地区民丰县尼雅遗址一处古墓中发现该织锦。现收藏于新疆博物馆。

“五星出东方利中国”织锦

该织锦呈圆角长方形，长18.5厘米，宽12.5厘米，边上用白绢镶边，两个长边上各缝缀有3条长约21厘米、宽1.5厘米的白色绢带，其中3条残断。织有八个汉隶文字：“五星出东方利中国”。“五星出东方利中国”织锦，除去文字之外，还有用鲜艳的白、赤、黄、绿四色在青地上织出的汉式典型的图案：云气纹、鸟兽、辟邪和代表日月的红白圆形纹，方寸不大内涵丰富。

“五星出东方利中国”8字出自《史记·天官书》“五星分天之中，积于东方，中国利；积于西方，外国用（兵）者利。五星皆从辰星而聚于一舍，其所舍之国可以法致天下。”古代的“五星”指岁星、荧惑星、镇星、太白星和辰星。天地回转，日月流逝，五星难以聚合。然而，汉元年十月，五星聚于东井，这在《史记》《汉书》《汉纪》均有记载。

“望四海贵富寿为国庆” 织锦

除在尼雅遗址古墓中发现的“五星出东方利中国”织锦外，在楼兰城郊的孤台墓地出土的“望四海贵富寿为国庆”政治祈语的织锦，也体现了对国家繁荣昌盛寄予的美好愿景。

山普拉墓地出土的铜镜上的“见日之光”“宜家常贵”等铭文、尼雅墓葬中出土的“王侯合昏千秋万岁宜子孙”锦、“延年益寿长葆子孙”锦，则说明了中原地区的家庭伦理、美好生活诉求成为新疆环塔里木民众思想、生活的重要组成部分。

每个中华儿女都应该因拥有中华民族特有的信仰追求、价值取向、高尚品质而感到自豪，这也是中华民族繁衍生息、不断强盛的不竭动力。

专家评述

兼容并蓄、相互交融的新疆少数民族传统文化

新疆自古就是一个多民族聚居的地区，历史上，多种族、多部落都在新疆繁衍生息。各民族相互交流、相互影响、共同发展，形成了层次多元、中华一体的文化格局。一方面，在新疆的历史发展过程中，各民族文化形成各自不同的民族特色和风格，每个民族都有着自己独特的风俗习惯、性格心理和禁忌传统，各民族在文化上的差异性成为彼此区别的重要标志。在历史长河中，印度文化、波斯文化、中原文化、埃及和两河流域文化、古希腊及罗马文化都在新疆这片土地上交汇碰撞。另一方面，新疆“大杂居、小聚居”的多民族生活格局，使得各民族之间有着悠久的文化交流历史和丰富的民族交往形式，各民族以开放的心态相互学习、广采博纳，形成相互交融的民族关系，并参与到中华民族整体文化的发展过程中，形成和强化中华民族的认同感，形成强大的民族凝聚力。特别是丝绸之路的开通，使新疆封闭的绿洲与外部世界连在一起，成为世界上几大文明发源地文化的交汇处。所以说，新疆少数民族传统文化既具有特色鲜明的差异性，也具有兼容并蓄的包容性。

源远流长、博大精深的中华文化，积淀着中华民族最深层的精神追求，包含着中华民族最根本的精神基因，代表着中华民族独特的精神标识，不仅为中华民族生生不息、发展壮大提供了丰厚滋养，也为人类文明进步作出了独特贡献；不仅铸就了历史的辉煌，而且在今天仍然闪耀着时代的光芒。中华民族素有文化自信的气度，正是有了对民族文化的自信心和自豪感，才在漫长的历史长河中保持自己、吸纳外来，形成了独具特色、辉煌灿烂的中华文明。

当前，我们一定要继续以高度的文化自信，积极吸取传统文化的宝贵精华，并加以发扬光大，既保持民族性，又蕴含现代性，大胆地借鉴和吸收世界优秀的文明成果来发展本民族文化，使之更好地成为团结全国人民和海外侨胞的生命线与纽带，齐心协力，继续为中国特色社会主义建设，实现中华民族的伟大复兴而奋斗。

专家点评

文化自信，就是对数千年中华文明的总体肯定和认可，从而产生一种自豪和自信，坚定地走自己的道路。文化自信，从根本上说是对文化本质的信念信心。

文化自信，是一个国家、一个民族、一个政党对自身文化价值的充分肯定，对自身文化生命力的坚定信念。坚持对优秀传统文化和革命文化的文化自信，坚持马克思主义指导思想与社会主义核心价值体系的文化自信，坚持对外来文化实行吸收借鉴的文化自信，是文化自信题中应有之义。

·丰富多彩的各民族文化·

中国有56个民族，各个民族有各个民族的文化、风俗、信仰、道德规范等，在历史长河中，形成各自的独特文化艺术，他们自成一体，集中反映出本民族的精神、灵魂，通过代代传承，不断完善和繁荣，成为了中华民族百花齐放的繁荣文化景象。

专家点评

新疆具有悠久的历史和灿烂的文化，新疆各族人民创造的新疆民族文化是中华民族文化重要组成部分，新疆各族人民为中华民族文化宝库作出了历史性的宝贵贡献。鉴于新疆的自然、历史、社会等诸种因素，新疆文化又具有自己独特的历史传统、表现特征和发展面貌。

新疆自古以来就是多民族聚居地区，同时又是多宗教信仰地区，古丝绸之路的开通等使新疆文化呈现出多元化和开放、融合等特点。在漫长的历史发展过程中，新疆文化深受祖国内地文化的影响，具有丰富的内涵，同时，新疆文化又对祖国内地文化产生积极影响。新疆古代、近代和现代文化内容丰富多彩，民族特色浓郁，科学、艺术价值珍贵。

新世纪到来，改革开放的深化，现代“丝绸之路”——第二座欧亚大陆桥的贯通，西部大开发战略的实施，给新疆社会主义民族文化事业带来了前所未有的大发展、大繁荣的机遇。新疆广大各族文化工作者，正以饱满的激情和昂扬的斗志，解放思想，更新观念，抓住机遇，迎接挑战，进一步深化文化体制的改革，大力开发各类文化资源，积极兴办文化产业，加大文化设施建设力度，制定并实施21世纪中长期文化事业发展规划，努力把新疆建设成为社会主义民族文化强区，为新疆的改革开放、现代化建设和社会主义精神文明建设作出更大贡献。

生活在新疆这片土地上的维吾尔、哈萨克、回、蒙古、柯尔克孜、锡伯、塔吉克、乌孜别克等十二个少数民族，各有自己特殊的历史发展、经济生活和宗教信仰。因此，他们的文学艺术也各具特色，在我国万紫千红的文化大花园里，它们是异彩纷呈的重要一角。

中华民族是多民族的共同体，我国各民族共同缔造了中华文化。在长期的历史发展过程中，我国各民族的文化相互交融、相互促进，共同熔铸了灿烂的中华文化。深厚博大、斑斓璀璨的中华文化在人类历史上留下了深刻的足迹和光辉的业绩，为世人所瞩目。中华文化是中华民族的伟大创造的结晶。

相关链接

我国少数民族居住地域十分辽阔，从白山黑水的东三省到椰风海韵的海南岛，从台湾中央山脉到位于我国陆地最西端的帕米尔高原，从蒙古高原到青藏高原，从西南云贵高原到西北黄土高原，从武陵山区到塔里木盆地，均有分布。不同的气候条件，不同的地理环境，使各民族文化呈现出鲜明的地方色彩。

从大的文化形态上看，有高原文化、雪域文化、绿洲文化、农耕文化、草原文化、渔猎文化等多种表现形式。从各民族文化的具体特点看，呈现出多姿多彩、风格迥异的地域特色。我国还有30多个民族与国外同一民族跨境而居，这些民族的文化无一不具有深厚的边疆地域特色。

中华各民族文化，既有中华文化的共性，又有各自的民族特性。我国幅员辽阔，各地自然条件千差万别，经济社会发展程度不同。各地文化经过几千年的发展，逐渐带有鲜明的地方特色，并且具有中华文化的共性。除了主体民族汉族外，维吾尔族、藏族、蒙古族等少数民族也拥有具有自己特色的地方文化。各民族在其历史发展过程中创造和发展了具有本民族特点的文化，民族文化反映该民族历史发展的水平，也是本民族赖以生存发展的文化根基所在。各民族文化都是中华文化宝库中的瑰宝，是中华民族的骄傲。

重拾中华传统文化的自信

改革开放30多年来，中国走出了一条人类历史上史无前例的高速和平发展之路，物质财富空前增长，基本解决了温饱问题的中国正奔向已经不再遥远的小康，中华民族的伟大复兴之梦离我们从未像今天这样近。然而，我们也开始面临一些困难，构建文化软实力显得尤为紧迫。正是在这样的背景下，文化自信和文化表达日益成为我们关注的话题。同时，我们也越来越清醒地认识到，这正是实现中国梦的题中应有之义。那么，究竟该到哪里找回我们的“民族自信心”呢？

习近平总书记在党的十九大报告中指出：“文化自信是一个国家、一个民族发展中更基本、更深沉、更持久的力量。”中华民族五千年的灿烂文化是我们文化自信的基础。当前，文化的地位和作用全球凸显，文化软实力成为综合国力的重要组成部分，而传统文化是软实力的底蕴，是中华文化在世界文明互鉴中的重要支撑。如何在以发达国家为主导的全球性规则面前，建构起国家和民族高度的文化自觉和文化自信，展示中国无可替代的文化魅力，赢得世界文化话语主导权，是新时期中国文化建设和发展急需思考的重要问题。

没有文化自信的民族绝不会是坚定的民族。一向以拥有古老丰富的文化传统而倍感自豪的中华民族，比历史上任何时期都更加意识到建立文化自信的迫切性与重要性。因此，如何重拾传统文化自信？这是值得当代中国青年深刻思考的问题。

传统文化中蕴含着取之不尽的宝藏

材料一

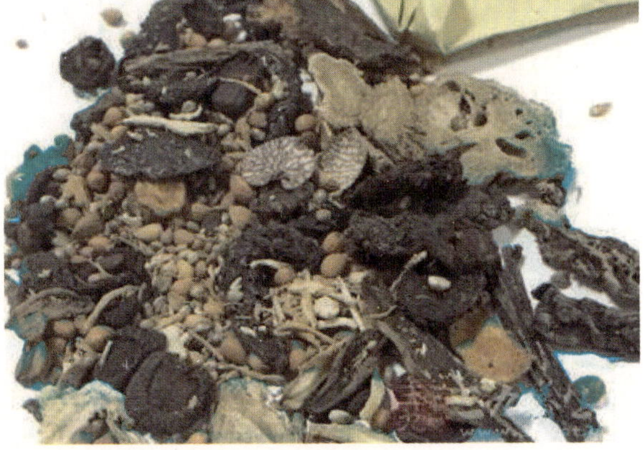
中医药

中医药是中华民族数千年实践经验与智慧的结晶，是最具原始创新性的学科领域。中医药既是传统的，又是现代的；既是中国的，又是世界的。我们不能数典忘祖，不能妄自菲薄，我们应比以往任何时候都更加珍惜这个伟大的医学宝库，要比以往任何时候都更加用心培育中华民族对中华医药的人文情感，努力增强学术自尊与文化自信，并潜移默化地融汇在中医药人才培养的过程中，使中医药在继承中发扬，在创新中提升，为全人类的健康作出更大贡献，在更大范围和更高层次上赢得广泛的共识与认同。

材料二

屠呦呦在诺贝尔奖领奖台上

2015年度诺贝尔生理学或医学奖10月5日下午在瑞典斯德哥尔摩揭晓。来自中国的女药学家屠呦呦获奖，成为首位获得诺贝尔科学类奖项的中国女科学家。屠呦呦得知获奖后对媒体说，青蒿素的发现是中国传统医学给人类的一份礼物，在研发的最关键时刻，是中医古代文献给予她灵感和启示。青蒿作为治疗疟疾的药物早在东晋，就已经由道教理论家、医学家、炼丹家葛洪提出来了。她所说的中医古代文献就是东晋葛洪在罗浮山创作的《肘后备急方》，该文献中的几句话引起了屠呦呦的注意："青蒿一握，以水二升渍，绞取汁，尽服之。"这次获诺贝尔奖是一个很好的证明，增强了我们对中医药的自信。

材料三

"中国医药学是一个伟大的宝库。"毛泽东于1958年就提出这样的论断。的确，中医药经过几千年的人体试验，在世界医药学中无与伦比，也是我国最有原创优势、最有希望取得世界级成果的科技领域。打开中医药宝库不是一件容易的事，对于这一宝藏，如果我们停留在原始的炒、泡、蒸、煮等方法，而不采用现代严格的制药流程，只能是原地踏步，难以获得世界的认可。这就需要树立问题导向、坚持科学态度、推进协同创新。一旦打开封闭的围墙，与现代科技相结合，传统中医药就会发出夺目的光彩。屠呦呦的获奖表明，现代科技是打开中医药宝库的"钥匙"。

- 运用以上这些材料，从树立民族自信心方面，谈谈我们应该如何从传统文化中拾回文化自信。
- 你还能从其他方面举例说说中国传统文化中所蕴含着的无穷的宝藏吗？

增强中华文化的自觉和自信

材料四

中国传统文化博大精深、源远流长，从丝绸、陶瓷、汉字到四大发明、礼乐、水墨画，从“以和为贵”的传统文化精神到“天人合一”的价值观，都浸染着数千年来的中华民族。中华民族繁衍不息，是与中国深厚的传统文化世代传承分不开的。我们坐拥如此博大精深的文化宝库，有些人却自愿拜服在美欧乃至日韩的浅表性快餐文化之中。一些人尤其是对中国传统文化缺乏基本了解、感知、自觉和自信的新生代，充满着崇洋媚外的思想，似乎外国月亮真的比中国圆，言必称西方。一些人在对待民族的历史、传统和文化上，非常热衷地干着自我怀疑、自我作践、自我颠覆、自我否定的蠢事。这些年大量珍贵的物质文化遗产和非物质文化遗产被以各种名义破坏、打压、瓦解、损失，与缺乏文化自觉、文化自信关系密切。

材料五

2014年3月26日，教育部印发《完善中华优秀传统文化教育指导纲要》(以下简称《纲要》)，就如何在青少年中推进中华传统文化教育作出详细部署。《纲要》指出：加强对青少年学生的中华优秀传统文化教育，要以弘扬爱国主义精神为核心，以家国情怀教育、社会关爱教育和人格修养教育为重点，着力完善青少年学生的道德品质，培育理想人格，提升政治素养。

——开展以天下兴亡、匹夫有责为重点的家国情怀教育。着力引导青少年学生深刻认识中国梦是每个人的梦，以祖国的繁荣为最大的光荣，以国家的衰落为最大的耻辱，增强国家认同，培养爱国情感，树立民族自信，形成为实现中华民族伟大复兴的中国梦而不懈努力的共同理想追求，培养青少年学生做有自信、懂自尊、能自强的中国人。

——开展以仁爱共济、立己达人为重点的社会关爱教育。着力引导青少年学生正确处理个人与他人、个人与社会、个人与自然的关系，学会心存善念、理解他人、尊老爱幼、扶残济困、关心社会、尊重自然，培育集体主义精神和生态文明意识，形成乐于奉献、热心公益慈善的良好风尚，培养青少年学生做高素养、讲文明、有爱心的中国人。

——开展以正心笃志、崇德弘毅为重点的人格修养教育。着力引导青少年学生明辨是非、遵纪守法、坚韧豁达、奋发向上，自觉弘扬中华民族优秀道德思想，形成良好的道德品质和行为习惯，培养青少年学生做知荣辱、守诚信、敢创新的中国人。

材料六

从2015年秋季新学期开始，当涂二中首先在新疆班预科年级开设了书法和传统文化教育等两门课程，每周各安排一课时。学校聘请了当涂县书法家协会主席、县《千字文》碑帖陈列馆馆长冯金城先生担任书法教学的任务，传统文化教育课主要由传统文化课题组的部分成员以传统文化教育的专题讲座的形式分别给学生授课。

新疆班学生在课堂上认真练毛笔字

书法和传统文化教育课程的开设，将使当涂二中新疆班传统文化教育有了一定的课时保证，这不仅可以有力地提高新疆班学生的传统文化素养，同时有利于中华优秀传统文化的传承。

▶“增强民族文化自信要从青少年抓起。”谈谈青少年学生应该如何用实际行动培养对民族文化的自信。

▶谈一谈青少年学生学习中国书法与传承中华传统文化的关系。

活动建议

▶中国梦是每一个人的梦。以“我的中国梦”为主题，在网上或校数字图书馆收集相关的材料，在班上出一期黑板报。

▶以“对西方节日和中国传统节日的看法”为题，在本班作一个问卷调查，并写出你对本次调查所作出的分析。

▶收集有关增强民族文化自信方面的资料，以“自信的中华文化”为题，撰写一篇小论文。

第二单元

辉煌灿烂的中华文明成果

中华文明源远流长、博大精深。中国古代劳动人民创造了辉煌灿烂的文化，为我们后人留下了浩若繁星的经典文化遗产，这是我们的取之不尽、用之不竭的精神财富，是中华民族的魂，更是我们中华民族的文化信仰。通过本单元的学习，我们应该知道，中国古代灿烂的文化与成就不仅凝结了各族人民的智慧，更是古代劳动人民在前人成就的基础上不断创新和发展的结果，它对我国的发展和世界文化的发展产生了深远影响，为人类文明的发展作出了伟大贡献。我们应该要热爱中华传统文化，积极地走进中华优秀传统文化中，从中真切感受和体味中华文化的迷人魅力，并在此基础上树立民族的自尊心、自信心和自豪感，自觉传承中华民族优秀文化传统，为实现中华民族的伟大复兴作出自己的贡献。

第三课 辉煌灿烂的中华文明成果(一)

中华民族创造了辉煌灿烂的中华文明,对人类文明作出了伟大贡献,也是世界文明史上的辉煌灿烂的一页。作为一名中学生,我们要传承中华民族优秀文化传统,树立民族的自尊心、自信心和自豪感,为实现中华民族的伟大复兴作出自己的贡献。

· 汉字文化是中华文明的重要标志 ·

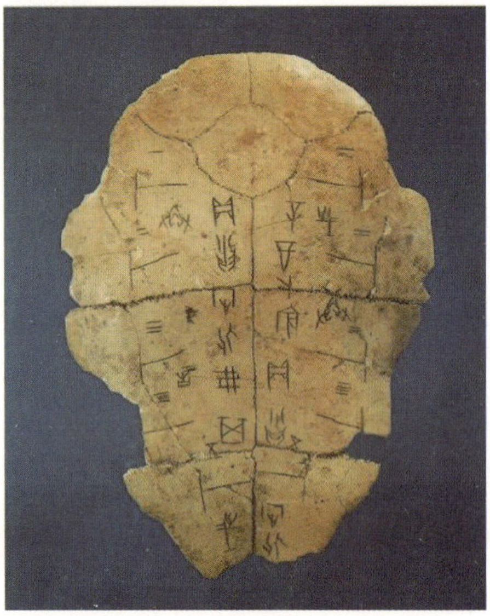

甲骨文

从契刻记事到结绳记事再到汉字的出现,这自然要算历史的一大进步了,因为这至少让我们的历史进入了有史时期。从甲骨文、金文到小篆、隶书,直到我们今天所见到和正在使用着的方块字——在这一漫长的历史中,我们的汉字像一盏不灭的明灯,照亮了我们的祖先走过的道路。

汉字是中华民族的文化记忆和宝贵财富。中国人写好中国字,本质上是对中华文化的爱护和传承。

2013年9月19日,当涂二中新疆班在学校阶梯教室举行“迎中秋·弘扬中华传统文化”现场书法比赛

▶谈一谈中国人写好汉字的重要意义。

▶你参加过学校或其他社会团体组织的书法比赛活动吗?谈谈自己参加比赛的体会。

文字，是文化的基本载体，记载了文化发展的历史轨迹和丰富成果。文字的发明，使人类文明得以传承，标志着人类进入文明时代。

汉字文化内涵丰富，今天为中华各族人民所通用，是中华文明的重要标志，是中华民族的血液，是中华文化的根。汉字是世界上使用人数最多的一种文字，也是寿命最长的一种文字。数千年来，汉字这种独具特色的“方块字”，为书写中华文化、传承中华文明，发挥了巨大的作用。

作为中国人，我们应该热爱汉字，积极发挥汉字在传承中华传统文化中的作用。少数民族语言文字造就中华文化的多样性，是中国文字史的重要组成部分，为民族文化的发展提供了重要支持。

专家点评

邈邈仓公，轩辕之史，创制文字，代彼绳理。粲若星辰，郁为纲纪，千龄万类，如掌斯视。生人盛德，莫斯之美，神章灵篇，自兹而起。

——唐朝·张怀瓘

这篇唐朝古文赞誉远古的黄帝时期开始发明文字，结束了“上古结绳而治”的局面。仓颉这个黄帝时代的史官，从鸟迹鬼纹中领悟到造字的方法，创造了中华汉字，让美丽的线条在半坡部落的人面网纹陶器里传递着古人的图腾思想，象形文字的甲骨文诠释商王们祈求上天保佑自己胜利的意念，让远古人的历史篇章流传到今天。

一个民族的文化能否得到复兴，不是取决于它吸收了多少外来文化的精华，而是取决于这个民族的优秀文化是否得到了很好的传承。汉字是中华文化的根，是中华民族的血液。作为中国人，我们应该要热爱祖国语言文字，规范书写中华汉字，传承中华优秀传统文化。

· 浩如烟海的文化典籍 ·

中国文明是世界四大古文明中唯一一个延续至今而无断层的文明，这是我们的骄傲。我国这种独一无二的悠久历史及在当代经济、社会中彰显出的强大活力让我国的文化备受世界瞩目。为什么中国文明在一次又一次的大规模外敌入侵、内部大动乱的情况下还能延续至今？中华文化的顽强生命力的关键何在？可以说中国典籍的巨大功绩是非常明显的。

◇一个民族的文化生命，离不开它的文化典籍的继承和不断的创造性。文化典籍不会随岁月的流逝而失去它自身的价值，一个人的传统文化底蕴的形成过程可能十分复杂，且可以通过多种途径，但主要是在阅读历代文化艺术作品尤其是经典文本的过程中，经过长期潜移默化的熏陶和培养而形成的。

◇《千字文》是我国早期的蒙学课本。《千字文》成书于南北朝梁代，至今流传已有一千四百多年。它的作者，是中国蒙学之祖、当涂才子——周兴嗣。

《千字文》乃四言长诗，首尾连贯，妙语连珠，言简意赅，概括了有关自然、社会、历史、地理、伦理、教育、人物掌故等方面的知识。它以儒学理论为纲、穿插诸多常识，用四字韵语写出，很适于儿童诵读。其最大优点在于融知识性、可读性和教化性为一炉，诵读一遍即感到文采斐然，合辙押韵，朗朗上口，易诵易记。

▶课前上网查一查《千字文》的有关内容，找出其中几句自己喜欢的诗句，并说一说喜欢这些诗句的理由。

新疆班同学在《千字文》作者塑像前合影

新疆班学生在《千字文》的故乡石碑前合影

上下五千年，中华文明博大而精深，传统文化犹如一座蕴含丰富的宝藏深植于这块文明的厚土。而那一部部宏伟的典籍，一册册光辉的篇章，如群星璀璨、华光四射。中华民族就是在这样的土地上，在这样的星空下，生生不息，继承和创造着中华文明。

中华文化典籍，内容丰富，流派繁多。中国古代的文化典籍，原来划分为经、史、子、集四大部类，后来又加了类书和丛书，成为“六部分类法”。中华文化典籍将中华民族的精神和智慧记录下来，凝结成了无比璀璨的华夏文明，是中华文化一脉相传的重要见证。

相关链接

经书是指以孔子为代表的儒家的书籍，包括儒家经典和历代对儒家经典著作的主要注疏。随着朝代的变迁，被列为经学著作的书目也有所变化。经过不断修订，经书在南宋后通常包括十三部儒家著作，称为“十三经”。历代“十三经”的学问被称为经学。

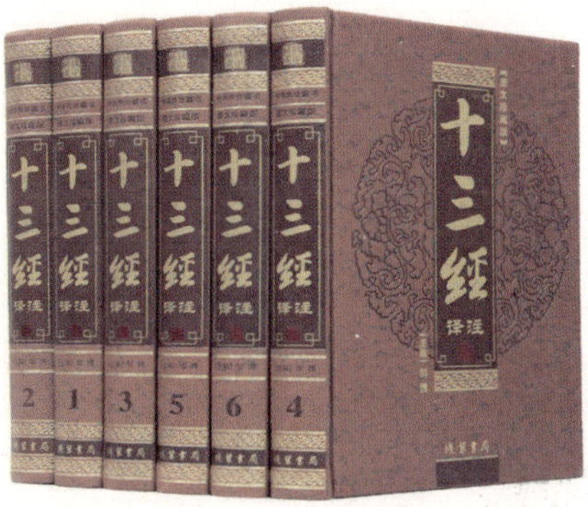

“十三经”典籍

儒家的十三部经书，即《周易》《尚书》《诗经》《周礼》《仪礼》《礼记》《春秋左传》《春秋公羊传》《春秋谷梁传》《论语》《孝经》《尔雅》《孟子》。“十三经”作为儒家文化的经典，其地位之尊崇、影响之深广，是其他任何典籍所无法比拟的。“十三经”的内容博大精深，囊括了传统文化的诸多方面，诸如天人合一的思维模式，天下为公的大同理想，经民为本的治国原则，和谐人际的伦理主张，自强不息的奋斗精神，等等。这些思想、精神中的精华渗透在民族的性格与心理之中，具有强大的凝聚力，至今仍有积极的影响。

“经”一向是中国传统社会治国理念、社会道德、个人修身的主要来源与依据，之所以称之为“经”，经者，常也、衡也，就在于它包含了超越时空的真理，这也是追求现代化的我们必须继承、发扬的民族文化精髓。中国史学，世界闻名，不仅记录了我们自己的昨天，还记录了不少其他民族、地区的历史，是人类一笔丰厚的历史遗产，是我们继续前进的路标。

传统文化与国学

◇有人说，阅读经典，犹如与先哲同行，聆听他们对世界、对历史、对人生的感悟，你会被那睿智的思想灵光所照彻。阅读经典，你能感受到一颗颗激越跳荡的民族心和一段段荡气回肠的爱国情。阅读经典，你还会感受到慈母温暖的目光以及亲人倚门的殷殷期盼；或看见朋友或踏歌而别，或把酒而叹；或体察到离别时，又有前路无知己的孤寂……让经典常相伴随，在日后的生活学习中你也许会豁然顿悟，更重要的是中华文化的脉气贯注于你，中华文明的特质熔铸了你。你，就这样走向人生、走向世界。

新疆班同学正在认真诵读经典

◇2014年5月15日上午，当涂二中两千多名学生在学校大操场举行“李白李之仪当涂诗词中华经典诵读”活动。

▶作为青少年学生，我们热爱传统文化，就应该选取一些经典篇章来阅读，或许我们现在有许多还无法解读，但不要紧，我们重在濡染经典的灵气。结合自己阅读经典的经历，谈谈自己的认识。

·闻名世界的科学技术·

◇时代在发展，社会在进步，现代的竞争归根到底是综合国力的竞争，是科学技术的竞争和民族素质的竞争，更是人才的竞争。科学素养水平的高低将直接影响我国整体实力的强弱和在国际竞争中的成败，而良好科学素养的培养应该从人们小的时候开始。

新疆班同学在聚精会神地听讲解员讲解

◇2013年1月22日下午，当涂二中新疆班同学来到马鞍山经济技术开发区，参观了马鞍山市一家中外合资企业——圆融光电科技有限公司。高一新疆班买日排提·托合提同学在参观后对记者说："收获很多，不仅开拓了我们的视野，还增长了高科技方面的知识，同时也增强了同学们的节能环保的意识，今后我们一定要刻苦学习，掌握科学知识、增强本领，长大后为国家的发展作出自己的贡献。"

▶请同学们结合自己的实际，谈一谈中学生应该如何培养良好的科学素养。
▶你最喜欢我国古代哪一位科学家？请说一说你喜欢这位科学家的理由。

中华民族五千年历史积淀的巨大创造力不仅表现在它独特的文化上，也体现在它古代伟大的科学技术成就上。古代中国人民创造了丰富多彩而又独具特色的科学技术成果，而构成这一独特科技文明的主要支柱有"四大学科""三大技术"和"四大发明"。

相关链接

北京古观象台

"四大学科"是指天文学、数学、医药学和农学。中国古代天文学的成就主要体现在天文观测和历法。中国古代天文观测的连续性、资料保存的完整性是世界绝无仅有的。中国历代编制的天文历法之多为世界第一。《九章算术》是中国古代数学体系形成的标志，是当时世界上最先进的应用数学。中国古代医药学著作居各门科技著作之首，现存

8000多种，文献丰富、分科齐全，而且医理独特，形成了完整的理论体系。春秋战国时成书的《黄帝内经》，是我国第一部最重要的医学著作。汉代时出现的《神农本草经》是现存最早的药学专著。北魏贾思勰所著的《齐民要术》是世界现存最早、最完整的农学著作。

“三大技术”是指陶瓷技术、丝织技术和建筑技术。瓷器的发明也是我国对世界科技的独特贡献。中国的瓷器早在隋唐时期即远销国外，10世纪以后制瓷技术陆续传到亚洲一些国家。欧洲人则是在15世纪下半叶学会制瓷的。中国是最早养蚕和织造丝绸的国家。我国的丝织物早在公元前4世纪就远销国外，公元5—6世纪波斯曾派专人来我国学习，其后丝织技术又传到欧洲。战国时期以后，我国的建筑物逐渐形成了自己的独特风格，留下了许多不朽的杰作。万里长城是世界建筑奇迹之一。战国时李冰父子带领人民修建的四川都江堰，在总体布局、堤坝修筑、水道疏浚、就地取材、灌溉与防洪兼顾等方面，都相当完善，相当科学。它是中国古代建设并使用至今的大型水利工程，被誉为“世界水利文化的鼻祖”。

“四大发明”是指造纸术、印刷术、火药和指南针，是古代中国科学技术的伟大业绩，对世界近代文明作出了无法估量的贡献。

文化名人

张衡

张衡（78—139年），字平子，南阳西鄂（今河南南阳市石桥镇）人，汉族，中国东汉时期伟大的天文学家，为中国天文学、机械技术、地震学的发展作出了不可磨灭的贡献；在数学、地理、绘画和文学等方面，张衡也表现出了非凡的才能和广博的学识。张衡是东汉中期浑天说的代表人物之一，他指出月球本身并不发光，月光其实是日光的反射，他还正确地解释了月食的成因。张衡得到了很多荣誉，被一些学者认为是通才。一些现代的学者还将他的工作和托勒密（约90—168年）相提并论。1802号小行星以他的名字命名。

材料一：世界著名科技史专家李约瑟博士曾经列举了中国传入西方的26项技术，认为中国重要的发明技术不止“四大发明”。……直到17世纪西方自然科学诞生以前，中国的科学技术，在许多方面一直处于世界领先地位。

——引自《简明科学技术史》

材料二：在15世纪……明朝皇帝发动了七次大规模远洋探险……远航船队历经东南亚、印度、波斯湾和东非的多个港口……（此后）欧洲人从事发展与印度的贸易，并穿越大西洋发现美洲。

——引自（美）帕尔默《现代世界史》

▶据材料一说明“四大发明”中造纸术对世界的贡献，并指出17世纪西方自然科学的最重要成果是什么？

▶中国的“发明技术”不断传入西方。汉代架构的东西方经济文化交流的“桥梁”是什么？

▶材料二反映了中外历史上哪两件大事？“四大发明”中哪项发明为这两件大事提供了最有利的条件？

中国古代的科学技术成果作为中华民族灿烂文化的一个重要组成部分，同样有着惊人的辉煌历史，并处于同时代的世界最前列。中国古代的科技成果不仅对中华民族作出了重大贡献，而且闻名世界，对东方各国乃至西方科技的发展都产生了重要影响。

第四课 辉煌灿烂的中华文明成果(二)

我国的文学与艺术是中华文化的重要内容,我国的文学与艺术展现了中华民族的精神向往和美好追求。中国的传统节日以丰富内涵展示着时代精神,使传统节日文化更加灿烂光辉。中国具有五千年文明史,素有"礼仪之邦"之称,中国人也以其彬彬有礼的风度而著称于世。了解中华传统礼仪,可以培养良好的人文素养和操守品质,并在生活中践行中华传统礼仪,做一个讲文明礼仪的社会主义新人。

·精彩纷呈的古代文学与艺术·

李白

"天门中断楚江开,碧水东流至此回。两岸青山相对出,孤帆一片日边来。"开元十三年(725)李白乘舟东下金陵,经当涂行至天门山写下不朽绝句《望天门山》。唐代大诗人李白以其充满浪漫、灵动色彩的诗作,一方面表现出他讴歌祖国的壮丽河山,反映了他的爱国主义思想和崇尚大自然的情怀;另一方面出于对劳动人民痛苦遭遇的深切同情、出于对国家统一的热切愿望,他敢于傲视权贵,讽刺时政,表现了愤世嫉俗的精神。李白被后世誉为"诗仙"。

李白一生倾情当涂,钟爱青山,他在六十二年的颠沛流离的生命旅程中,热情讴歌当涂,为这方山水留下五十多篇诗文。公元762年,李白以一首《临终歌》病死于当涂。李白墓位于安徽省当涂县太白镇青山西麓的太白行政村谷家自然村西。

新疆班同学参观李白墓园

▶你读过李白哪些充满爱国主义思想的诗作?从他这些充满爱国主义思想的诗句中,你受到怎样的教育?

我国古代劳动人民具有丰富的艺术想象力和先进的科学知识，从他们所创造出各种各样的艺术作品中，我们深切地体味到古代劳动人民的智慧和才华。

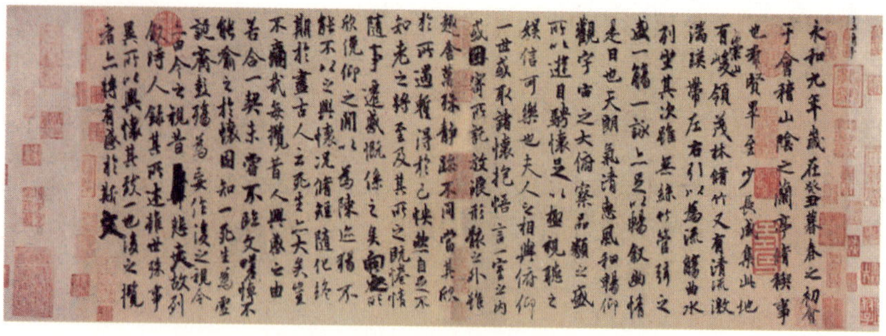
王羲之的《兰亭序》

中国古代文学是中华文明的重要组成部分，它的历史可以与中华文明的起源同步。以《诗经》、楚辞、先秦散文、汉赋、唐诗、宋词、元曲、明清小说等为代表，充分显示了中国文学的姹紫嫣红、瑰丽璀璨。漫长历史上曾经涌现出一代又一代杰出作家和数不清的优秀作品，出现了丰富多样的体裁、题材、风格、流派，形成了各种各样的文学现象、文学潮流和文学理论，内容极其丰富。这是一笔无比宝贵的文化遗产。

> 古诗文经典已融入中华民族的血脉，成了我们的基因。
>
> ——习近平

专家点评

我们传承古代经典，不是单纯的背诵一些诗词，而是传承中华民族文明；也不是只知其文不解其义，而是传承经典文化中的精神。深入中国古代经典文化中，犹如愚人受到高士点通，豁然开朗，正所谓：峰回路转，柳暗花明又一村。回味经典，仿佛自己穿梭在历史的隧道中，千年文明尽显在眼前，让自己有一种从未有过的满足。

文化名人

屈原与《楚辞》

《楚辞》是我国古代一部重要的诗歌作品集，它得名于公元前4世纪的战国时代在我国南方楚地形成的一种叫做“辞”的新诗体。

《楚辞》的代表人物屈原（前340—前278年），是中国文学史上最早出现的爱国诗人。在《楚辞》初本的16卷中，屈原的作品占绝大部分，共收他的诗作8卷20余篇。包括《离骚》《九歌》《天问》《九章》《远游》《卜居》《渔父》《招魂》等。其中，屈原的代表作《离骚》，是我国古代最长的一篇浪漫主义抒怀诗，也是《楚辞》的代表作品。

屈原

《离骚》是诗人在遭第二次流放中，满怀“信而见疑、忠而被谤”的委屈，凝聚忧愤、感慨于笔端写成的。这首近2500字的长诗，叙述了诗人的身世和志向，通过表现诗人一生不懈的斗争和决心以身殉志的悲剧，反映了楚国统治阶层中正直与邪恶两种势力的尖锐斗争，暴露了楚国的黑暗现实和政治危机，表达了他为国为民而战斗不屈、“九死而不悔”的精神。

相关链接

当涂布贴画：《农家乐》

当涂“布贴画”

“布贴画”脱胎于早期的民间布贴画，它诞生于马鞍山的当涂县。布贴画是以剪代笔、以布为色创作而成的一种装饰画，集工艺性、艺术性为一体，充分利用布的颜色、纹理、质感，通过剪、撕等方法，表现形象抽象、色彩独特，具有笔墨不能取代的奇趣。2003年9月，中央电视台专程前来当涂拍摄布贴画，后在中央四套《华夏文明》栏目中播出，在全国引起较大反响。

中国的传统文化异彩纷呈，绚丽多姿，其中最耀眼的一颗明珠就是中国古代的艺术。书法、绘画、建筑、戏曲、乐舞、雕刻等各种艺术门类争奇斗艳，百花齐放，经年流传不衰，对全人类的文明和进步产生过巨大的影响。

中国古代的文学与艺术直观地反映着中华民族的文化性格，它是中华传统文化中极为重要的组成部分。中国古代文学和艺术曾经对古代中国社会产生巨大的影响，它也应该对现代中国社会产生深刻的影响。

相关链接

书法是以汉字为载体的书写艺术，世界上有许多文明古国，早就有了自己的文字，但没有像中国汉字书写那样，形成书法而步入艺术的殿堂，书法是中华民族奉献给人类文化宝库的一门独特的艺术。

唐宋是中国绘画最兴盛的时代。存世的最为辉煌的巨制是北宋张择端的《清明上河图》。《清明上河图》生动地记录了中国12世纪城市生活的面貌，这在中国乃至世界绘画史上都是独一无二的。这幅画栩栩如生地描绘了北宋都城汴京清明时节的繁荣景象，表现了当时的日常社会生活与习俗风情，是汴京当年繁荣的见证，也是北宋城市经济情况的写照。

马踏飞燕

中国古代雕塑在题材内容、形式风格、雕塑技法以及所使用的材质上都具有鲜明浓郁的民族特色、时代特色，同时也充满了写意传神的特点，注重由外在形象所引出的感觉、意境，而引发出一连串遐想的空间，把人们引向一个艺术世界。秦始皇兵马俑雕塑群，形神兼备，气势磅礴。东汉时期的青铜作品《马踏飞燕》，被视为中国古代高超铸造业的象征。

中国古代建筑以其独特的结构体系、优美的艺术造型、丰富的艺术装饰，在世界建筑史上写下了光辉的一页，并成为展示中国传统文化的重要标志。

相关链接

长江大桥飞架东西 大江流动徽风皖韵

马鞍山长江公路大桥2013年12月31日正式建成通车。

该桥在桥型设计中，充分体现了浓厚的徽派特色，当中含有很多“安徽元素”。大桥左汊主桥的桥塔整体采用比较古朴素雅的古典造型，高大威武的巨型桥塔，同时在桥塔横梁的设计中，借用了徽派建筑中牌坊的多个元素，使桥梁方案更具安徽省地域文化特征。桥塔造型由“A”和“H”组合而成，与“安徽”的汉语拼音首字母一致。该桥的桥塔造型更具寓意，都是门式结构，它们就像打开的大门，开放性的设计，寓意着“敞开东大门，融入长三角”。

马鞍山长江大桥创造了桥梁建设上的多项纪录：左汊悬索桥主跨跨度居世界同类桥梁第一，钢混叠合塔规模居世界第一，为大桥配套研发的水平臂塔式起重机居世界第一。

雄伟的马鞍山长江大桥

专家点评

徽派建筑:江南建筑的典型代表

新疆班学生参观徽派建筑

徽派建筑是汉族传统建筑最重要的流派之一,徽派建筑作为徽文化的重要组成部分,历来为中外建筑大师所推崇。以砖、木、石为原料,以木构架为主。梁架多用料硕大,且注重装饰。还广泛采用砖、木、石雕,表现出高超的装饰艺术水平。徽派建筑最初源于东阳,是江南建筑的典型代表。历史上徽商在扬州、苏州等地经营,徽派建筑对当地建筑风格亦产生了相当大的影响。徽派建筑集徽州山川风景之灵气,融汉族风俗文化之精华,风格独特,结构严谨,雕镂精湛,不论是村镇规划构思,还是平面及空间处理、建筑雕刻艺术的综合运用都充分体现了鲜明的地方特色。尤以民居、祠堂和牌坊最为典型,被誉为徽州古建三绝,为中外建筑界所重视和叹服。

它在总体布局上,依山就势,构思精巧,自然得体;在平面布局上规模灵活,变幻无穷;在空间结构和利用上,造型丰富,讲究韵律美,以马头墙、小青瓦最有特色;在建筑雕刻艺术的综合运用上,融石雕、木雕、砖雕为一体,显得富丽堂皇。

· 世代传承的文明礼仪 ·

基本的礼仪原则：一是敬人的原则；二是自律的原则，就是在交往过程中要克己、慎重、积极主动、自觉自愿、礼貌待人、表里如一，自我对照，自我反省，自我要求，自我检点，自我约束，不能妄自尊大，口是心非；三是真诚的原则，诚心诚意，以诚待人，不逢场作戏、言行不一。

见面行“拱手礼”

▶谈一谈，在与他人日常的交往中，你遵循过这些礼仪原则吗？

▶结合自己的生活实际，说一说我们在待人接物中注意遵循礼仪的重要性。

礼仪是人际交往的重要的行为规范。中国五千年文明史，素有“礼仪之邦”之称，中国人也以其彬彬有礼的风貌而著称于世。孔子说：“有朋自远方来不亦乐乎”。礼仪文明作为中国传统文化的一个重要组成部分，对中国社会历史发展起了广泛深远的影响，其内容十分丰富，其所涉及的范围也十分广泛，几乎渗透于古代社会的各个方面。积极、普遍意义的传统文明礼仪，如尊老敬贤、仪尚适宜、礼貌待人、容仪有整等，对于培养良好个人素质，协调和谐人际关系，塑造文明的社会风气，建设社会主义精神文明，具有现实意义。

> 礼尚往来，往而不来非礼也；来而不往亦非礼也。
>
> ——《礼记》

名词点击

礼仪是在人际交往中，以一定的约定俗成的程序方式来表现的律己敬人的过程，涉及穿着、交往、沟通、情商等方面的内容。

礼仪是我们在生活中不可缺少的一种能力。从个人修养的角度来看，礼仪可以说是一个人内在修养和素质的外在表现。从交际的角度来说，礼仪可以说是人际交往中适用的一种艺术、一种交际方式或交际方法，是人际交往中约定俗成的示人以尊重、友好的习惯做法。从传播的角度来看，礼仪可以说是在人际交往中进行相互沟通的技巧。可以大致分为政务礼仪、商务礼仪、服务礼仪、社交礼仪、涉外礼仪、外交礼仪等六大方面。

礼仪是一门学问，有特定的要求。在家庭、学校和各类公共场所，礼仪无处不在。就个人而言，表现在举止文明、动作优雅、姿态潇洒、手势得当、表情自然、仪表端庄等。

· 多姿多彩的民风民俗 ·

文化名人

曾子避席

曾子是孔子的弟子，有一次他在孔子身边侍坐，孔子就问他："以前的圣贤之王有至高无上的德行、精要奥妙的理论，用来教导天下之人，人们就能和睦相处，君王和臣下之间也没有不满，你知道它们是什么吗？"曾子听了，明白老师孔子是要指点他最深刻的道理，于是立刻从坐着的席子上站起来，走到席子外面，恭恭敬敬地回答道："我不够聪明，哪里能知道，还请老师把这些道理教给我。" 在这里，"避席"是一种非常礼貌的行为，当曾子听到老师要向他传授时，他站起身来，走到席子外向老师请教，是为了表示他对老师的尊重。曾子懂礼貌的故事被后人传诵，很多人都向他学习。

新疆班师生跳起欢乐的舞蹈

华夏共筑中国梦，骏马奔腾迎新年。农历大年正月初一晚上，当涂二中新疆部综合楼内张灯结彩，欢歌笑语，热闹非凡。新疆班2014年师生"感党恩、迎新年"联欢晚会在这里举行，200多名新疆班学生与新疆班教师及学校领导欢聚一堂，共庆新春佳节。贴春联和窗花、挂灯笼和中国结，整个新疆班公寓、食堂和活动室内外，到处洋溢着浓浓的节日喜庆祥和的气氛。

▶由于新疆离内地太遥远，寒假假期又短，所以新疆班同学寒假期间一般不回新疆而是在内地学校度假和过春节，你认为学校应该开展哪些活动从而让春节过得更加有意义？请你设计一个庆祝春节的活动方案。

▶春节期间，为了让新疆班同学充分感受内地春节的浓浓节日气氛，新疆班摄影艺术社组织同学们开展了"随手拍"活动。同学们纷纷走上大街和社区，拿起手中的手机，将年味摄入手机中。如果下一次由你来负责这项活动，你应该如何策划这次活动，请设计一个活动方案。

我国是一个多民族国家，56个民族共同创造了祖国悠久的历史和灿烂的文化。汉族和各少数民族的服饰饮食、婚丧嫁娶、待客礼仪、节庆游乐、民族工艺、建筑形式等，都各有特色，形成了我国丰富多彩的民俗文化景观。

民风民俗是千百年来民间流传下来的传统历史，它是祖国的文化遗产，其独特的形式和浓厚的气氛，蕴藏着中国文化的底蕴。

中国的传统节日形式多样，内容丰富，是中华民族悠久历史文化的一个组成部分。传统节日的形成过程，也是一个民族历史文化长期积淀凝聚的过程。民族节日，蕴含着民族生活中的风土人情、宗教信仰和道德伦理等文化因素，是一个民族历史文化的长期积淀。庆祝民族节日，是民族文化的集中展示，也是民族情感的集中表达。

民风民俗

全国各族人民共同欢度春节

名词点击

民俗即民间风俗习惯，是指一个国家或民族中广大民众所创造、享用和传承的生活文化。包括饮食、服饰、居住、节日、民间歌舞、游戏竞技等各方面的民俗风情。

民俗起源于人类社会群体生活的需要，在特定的民族、时代和地域中不断形成、扩大和演变，为民众的日常生活服务。

相关链接

春节是中国各族人民最隆重的传统节日

春节原名为元日，作为岁首大节，它确立在汉朝。汉太初元年（公元前104年），汉武帝颁行《太初历》，确定以夏历的正月初一为岁首。每年的最后一天就是除夕，农历的正月初一为岁首。春节作为中华民族第一大节，持续时间最长、内容最丰富。春节蕴涵的辞旧迎新、合家团圆的意义，成为凝聚民族情感的重要力量，也使它成为中华民族自我认同的一个文化符号。除夕全家团聚在一起吃年夜饭、熬夜守岁，是中国人一

春节（剪纸艺术）

年一度的文化情结，在外的游子不远千里万里也要赶回家来。

春节是汉族最重要的节日，但是满、蒙古、瑶、壮、白、高山、赫哲、哈尼、达斡尔、侗、黎等十几个少数民族也有过春节的习俗，只是过节的形式更有自己的民族特色，更蕴味无穷。

作为一个统一的多民族国家，我国有着丰富的少数民族节日文化遗产，它们已成为中国传统节日乃至中国传统文化的重要组成部分。我国55个少数民族，每个民族都有自己独特的节日，且大部分民族都拥有多个节日。由于我国各民族“大杂居、小聚居”的分布特点，民族节日在促进各族人民相互沟通、彼此尊重、共同团结的过程中发挥着重要作用，呈现共享特性。

新疆班维吾尔族同学欢度“古尔邦”节

相关链接

月是民族、家庭幸福的象征，文化是月的魂。自古以来，中秋节不仅是小家团圆的日子，更是举国欢庆的时刻。从时令上看，中秋是“秋收节”。从渊源上看，我国古代就有春祭日、秋祭月的礼制，中秋又叫“祭月节”。祭月的风俗始于魏晋，盛于唐宋，甚至被定为国节，烧斗香、放天灯、走月亮、舞火龙……中秋活动极大地丰富了起来。一个民族把宇宙天象最完美的时刻与农事巧妙结合，把月圆之夜作为举国同庆的节日，使得原本纯粹的自然现象有了丰富的人文寓意。

2015年农历八月十五晚上，当涂二中新疆班预科年级举行“中秋望月”古诗词吟诵活动

第五课 辉煌灿烂的中华文明成果(三)

中国的传统思想经过数千年的发展，已经成为中华文化中一个非常重要的组成部分，对今天中国人的价值观念、生活方式和中国的社会发展具有深刻影响。传统美德是中华民族经过五千年的文明发展，历代流传下来的。学习和研究中国传统文化，继承、弘扬和发展中华民族的传统美德，对在科学发展观指导下，努力构建和谐社会，弘扬优秀的民族文化遗产，加强对青少年的培养和进行全面素质教育，都有着不可估量的影响。

· 影响深远的儒家思想 ·

儒家学派创始人孔子

以儒学为主干的中华历史文化究竟是中国历史发展的动力还是阻力？国内有一种看法认为，中国两千多年的封建社会，经济发展不快，就是因为吃了这位老夫子的大亏。而国外却有一种与此相反的看法认为，世界二战后经济发展快的，多是儒学影响较深的国家和地区，被提到的有日本、韩国、新加坡以及中国台湾、中国香港，近几年来我国大陆也被列入这个名单。这两种看法，一种是阻力论，一种是动力论。

▶ 你认为，今天儒家思想过时了吗？还有必要倡导它吗？说说你的看法。

儒家思想是中国传统文化的主流思想，具有很强的生命力，其发展带有明显的时代印记，对中国社会、政治和文化等各方面影响深远。这一思想是由春秋时期的孔子所创，其核心思想是“仁”。“仁”的含义，最早是“亲人”的意思，主要是指家庭成员之间、氏族亲人之间要“亲爱”，后发展到“爱人”，意思是与人交往要友爱、真诚、无私。在“仁”的情感范围由家族扩展到社会的同时，“仁”的道德内涵和道德地位也得到了进一步丰富和提升，成为中华民族传统美德的第一要素，“仁”已成为人生道德的最高境界，在世界文化史上具有重要影响。

> 君子道者三：仁者不忧，知者不惑，勇者不惧。
>
> ——孔子

相关链接

儒家是中国古代最有影响的学派，其中心是孝、悌、忠、信、礼、义、廉、耻，其核心是“仁”。其中，仁、义、礼、智、信被称为“五常”，是封建社会中人们的行为规范，它是指导人们举止行为的常理。

儒家思想的“五常”

“仁”，是指同情、关心和爱护的心态，即“仁爱之心”。“义”，是指正当、正直和道义的气节，即“正义之气”。“礼”，是指礼仪、礼貌和礼节，即“礼仪之规”。“智”，是指辨是非、明善恶和知己识人的能力，即“智谋之力”。“信”，是指诚实守信、坚定可靠、相互信赖的品行，即“诚信之品”。

“五常”之间是相互关联、相互依存、相互支撑的，它们共同构成了中华民族传统道德大厦的根基，也是我们必须严格遵守的最重要的五种社会道德规范。

如何对待我国的儒学思想？正确的态度是，要认真汲取中华优秀传统文化的思想精华和道德精髓，大力弘扬以爱国主义为核心的民族精神和以改革创新为核心的时代精神，深入挖掘和阐发中华优秀传统文化讲仁爱、重民本、守诚信、崇正义、尚和合、求大同的时代价值，使中华优秀传统文化成为涵养社会主义核心价值观的重要源泉。要处理好继承和创造性发展的关系，重点做好创造性转化和创新性发展。

相关链接

儒家思想是中国传统文化的核心内容，也是维护封建君主专制统治的理论基础。儒家思想的形成与发展，经历了一个相当长的时期。

春秋时期的孔丘之后，孟子则是战国时期儒家的代表人物，他主张施行仁政，并提出“民贵君轻”思想，主张“政在得民”，反对苛政，主张给农民一定的土地，不侵犯农民的劳动时间，宽刑薄税。

西汉的董仲舒以儒学为基础，以阴阳五行为框架，兼采诸子百家之长，建立起新儒学。其核心是“天人感应”“君权神授”。

魏晋之际出现的玄学是用老庄的思想解释儒学经典《易经》，这是为士族辩护的一种消极思想。《周易》《老子》《庄子》被称为“三玄”。玄学主张君主无为、门阀专政，代表人物有何晏、王弼和“竹林七贤”。

唐朝中期的儒学大师韩愈，从维护封建统治出发，用儒家的天命论和封建伦理纲常来反对佛教和道教的观点。

理学是以儒家思想为基础，吸收佛教和道教思想形成的新儒学，是宋代主要的哲学思想。朱熹是理学发展的集大成者，他继承了北宋哲学家程颢、程颐的思想，进一步完善和发展了客观唯心主义的理学体系，后人称之为程朱理学。其核心内容为“理”是宇宙万物的本源，是第一性的；“气”是构成宇宙万物的材料，是第二性的。他把“天理”和“人欲”对立起来，认为人欲是一切罪恶的根源，因此他提出“存天理，灭人欲”，这实际上是为封建等级制度辩护。

明朝中叶的王阳明反对朱熹把“心”与“理”视为两种事物的观点，创立了与朱熹相对立的主观唯心主义理论——心学。理学由客观唯心主义向主观唯心主义演变，说明它已经走到了极端。

·光耀千秋的传统教育思想·

中国人历来十分重视教育：深知唯有教育才能解决人自身以及人类社会的一切问题，才能够帮助人类自己安乐和平；深知教育是强国富民之本，与国家民族之前途密切相关。

中国传统教育思想源远流长、丰富深厚，培养熏陶了无数仁人志士。例如，重视道德教育和道德培养，注重气节与操守，强调人的道德责任感与历史使命感；倡导不计成败利钝、不问安危荣辱而以天下为己任的宽广胸怀；等等。

> 先生的责任不在教，而在教学，教学生学。好先生，不是教书，而是教学生学。不仅教学生学会，更重要的是教学生会学。
>
> ——陶行知

中国传统教育思想及其价值系统博大精深，具有强大磁场，散发诱人魅力，是一个无限丰富的宝藏，挖掘并用好其中的思想精华，将有助于推动现代教育发展。中国传统教育思想不仅是中华传统文化的重要内容，也对世界教育发展作出了重大贡献。

相关链接

孔子十分重视教育，把人口、财富、教育当作“立国”的基本要素。他认为，在发展生产使人民富裕之后，唯一的大事是“教之”，即发展教育事业。他重视家庭伦理和社会道德——“孝悌忠信”，看到了教育对于治理国家、安定社会所具有的重大作用。这种把教育放在治国治民首要地位的认识，把个人道德修养和提高社会道德水准看作治国安邦基础的思想，是十分深刻的。《学记》把教育的作用概括为16个字：“建国君民，教学为先”“化民成俗，其必由学”。其意思是：建立国家、管理人民，教育必须优先发展；教化老百姓形成良风美俗，必须抓教育。教育的作用包括相互联系的两个方面：一是培养国家所需要的人才；二是形成良好社会道德风尚，形成良风美俗。

文化名人

韩愈

韩愈（768—824年）是中国历史上著名的文学家、哲学家和教育家。韩愈认为教育的目的就是“学所以为道”，道即“先王之教”，主要是儒家仁义道德。教育的任务和内容，大体包括三个方面：一是德育，包括仁义道德等整套儒家伦理；二是智育，有“诗、书、易、春秋”；三是政治教育，包含礼、乐、刑、政等。

韩愈在教育方面还总结出许多带有规律性的东西，提出不少精辟而独到的见解，丰富了我国古代教育学理论。

第一，要善于识别人才、培养人才。他认为人才总是有的，关键在于能否识别和扶持，“世有伯乐，然后有千里马；千里马常有，而伯乐不常有”。

第二，提倡勤奋刻苦、独立思考。韩愈有几句格言：“业精于勤，荒于嬉；行成于思，毁于随。”这是他治学多年的宝贵经验的结晶，也是他对前人治学经验教训的总结。

第三，在教学方法上注意生动活泼。他“讲评孜孜，以磨诸生，恐不完美，游以恢笑啸歌，使皆醉义忘归”。

第四，重视师道和学无常师。韩愈的《师说》是中国教育史的宝贵遗产。它阐述了师道的重要性：“古之学者必有师，师者所以传道授业解惑也。人非生而知之者，孰能无惑？惑而不从师，其为惑也，终不解矣”。

·代代相传的中华美德·

2014年新春之际，中央电视台推出“新春走基层：家风是什么”的专题，对群众的“家风、家规”进行随机采访，一个个受访者与众不同的答案，激发了民众的广泛讨论和热议。但无论何种家风，我们都可以从中感受到中华民族的优良的传统文化，体会到一种积极向上、健康和谐的正能量。

司马光教子

家风，又称门风，是指一个家庭或家族的传统风尚或作风，指一家或一族世代相传的道德准则和处世方法。家规是家庭中的规矩，家规有形，可以是明确的条文，而家风无形，家风是一种传承，这种传承，三言两语也许无法说得清，但它贯穿我们的生活，影响着每个人的处世为人。

家风如同传统文化的一面镜子，或者说是中华文明传承的重要渠道之一。家风正，则民风淳；家风正，则政风清；家风正，则党风端。国家的长治久安，社会的文明进步，很大程度上取决于全体公民的思想道德水平的高低。

社会在进步，人在进步，不变的永久是美德。让我们发扬秉承好的传统，用行动去带动身边的人和事，并慢慢让其成为一种社会风尚。

▶请同学们说一说自家的家规，晒一晒自家的家风。

▶请结合自身的实际，谈一谈好的家风对个人和社会的积极影响。

中华美德是中华民族传统文化的结晶。在中华民族悠久的文明史中，形成和积淀了良好的道德观念和规范，产生了诸多催人奋进的美德故事，是维系中华民族持续发展最宝贵的财富。如，其所宣扬的忠孝仁爱、礼义廉耻、慎言敏行、严于律己、改过迁善等道德规范，几千年来铸就了中国人民的精神灵魂，形成中华民族的性格，培育了全民族追求和谐、谦和好礼、诚信克己、与人为善、勤俭廉正、刻苦耐劳和精忠爱国的优良素质。

专家点评

中国十大传统美德

一、仁爱孝悌。爱人、孝悌、忠恕是仁德的基本内容，也是中华民族传统美德的集中体现。这是中华民族美德中最具特色的部分。

二、谦和好礼。“礼”是中国文化的突出精神，好礼、有礼、注重礼义是中国人立身处世的重要美德。“礼”、“谦”、“和”都体现了中华民族的美好情操。

三、诚信知报。“诚、信、报”是组成中国人道德良知和道德良心的重要成分，是中国道德质朴性的重要表现。

四、精忠报国。精忠报国、保家卫国的精神是中华民族巨大的凝聚力，也是推动民族发展的巨大精神力量。

岳母刺字

五、克己奉公。克己奉公的精神本质上是先公后私，个人私利服从社会公利的精神。这种“公”的精神培育是强化对社会、民族的义务感和历史责任感。

六、修己慎独。修己慎独的修养传统培养了中华民族践履道德的自觉性与主动性，造就了许多具有高尚品质和坚定节操的君子人格。

七、见利思义。对义利关系的处理集中体现了中国伦理道德的价值取向。先义后利、以义制利是传统义利观的基本内容和合理内核，也是中华民族十分重要的传统美德。以义为人的根本特点和价值取向，是中华道德精神的精髓。

八、勤俭廉政。勤俭廉政既是中华民族共同的价值取向，也是中国人共有的美德。

九、笃实宽厚。中国传统道德崇尚质朴、朴素的精神。在长期的道德实践中，中华民族形成了许多以“实”为价值标准的规范和美德。在待人接物上，中华民族一向以宽厚为美，严于律己，宽以待人。这都体现了中华民族的宽厚品德。

十、勇毅力行。这是中华民族在践履道德方面所具有的德性和德行，或者说是在道德意志方面所体现的美德。

中华传统美德是中华民族经过五千年的文明发展，历代流传下来的宝贵的道德文化遗产，它包含了优秀的民族品质、优良的民族精神、崇高的民族气节、高尚的民族情感、良好的民族礼仪等方面。它是中华民族自强不息、前赴后继、英勇顽强形成的精神支柱，是指导人们实践活动的基本精神之一。

名人故事

习近平从父亲那里继承了哪些家风？

2001年10月15日，习家为习仲勋举办88岁寿宴，习家三代人及亲朋好友欢聚一堂为他祝寿。这是习家人难得的一次大团聚，唯独时任福建省长的习近平因公务繁忙缺席。于是他抱愧给父亲写了一封祝寿信。

在信中，习近平深情地写道："自我呱呱落地以来，已随父母相伴四十八年，对父母的认知也和对父母的感情一样，久而弥深"，"从父亲这里继承和吸取的高尚品质很多"。

习近平说，"一是学父亲做人"，"您为人坦诚、忠厚"，"您一辈子没有整过人，坚持真理不说假话，并一以贯之"。

"二是学父亲做事"，"父亲的一生充满传奇色彩，为党和人民建功立业，我辈于父亲相比"，"实觉汗颜"。"更令我们感动的，是父亲从不居功，从不张扬，对自己的辉煌业绩视如烟云。这才是成大事者的风范，永远值得我辈学习和效仿"。

"三是学父亲对信仰的执著追求"，"无论是白色恐怖的年代，还是极左路线时期，无论是受人诬陷，还是身处逆境，您的心中始终有一盏明亮的灯，永远坚持正确的前进方向"。

"四是学父亲的赤子情怀。您是一个农民的儿子，您热爱中国人民，热爱革命战友，热爱家乡父老，热爱您的父母、妻子、儿女。您用自己博大的爱，影响着周围的人们，您像一头老黄牛，为中国人民默默地耕耘着。这也激励着我将自己的毕生精力投入到为人民群众服务的事业中，报效养育我的锦绣中华和父老乡亲"。

"五是学父亲的俭朴生活"，"父亲的节俭几近苛刻。家教的严格，也是众所周知的。我们从小就是在父亲的这种教育下，养成勤俭持家习惯的。这是一个堪称楷模的老布尔什维克和共产党人的家风。这样的好家风应世代相传"。

从这封信里，我们看到了老革命家习仲勋做事做人和家风的垂范作用，对习近平本人成长的深刻影响。

——摘自2014年2月7日"人民网"

综合探究　发挥先进文化引领的作用

当前，文化与经济、政治的交融程度不断加深，经济中的文化含量日益提高，政治交往中的文化因素更加凸显。在这种情况下，发挥先进文化的引领作用，是凝聚人民力量的有力思想武器。所谓先进文化，就是能够顺应历史潮流，反映时代精神，代表国家和民族的发展方向，体现人民群众的根本利益，为人类社会文明进步提供强有力的思想保证、精神动力和智力支持的文化。

纵观人类历史，文化的大发展大繁荣往往能够带来社会发展的突飞猛进。例如，我国春秋战国时期的百家争鸣不但带来了人们思想观念和学识的全面更新，而且推动了各诸侯国的变法改革，引领和促进了新的生产方式、生活方式和新的社会秩序形成。近一个世纪来，中国之所以能够从受人压迫和欺侮的半殖民地半封建社会发展成为自立于世界民族之林、快速发展的社会主义社会，先进文化的引领至关重要。从五四新文化运动到我们党领导的民族的、大众的、反帝反封建的新民主主义文化兴起，从真理标准问题讨论引发的新时期思想解放到中国特色社会主义文化建设，每一次文化的觉醒和繁荣总是引领社会向更高水平发展。

党的十八大报告指出，全面建成小康社会，实现中华民族伟大复兴，必须发挥文化引领风尚、教育人民、服务社会、推动发展的作用，如今，人们日益清晰地看到，文化引领发展、引领风尚、引领时代，文化越来越成为民族凝聚力和创造力的重要源泉，越来越成为综合国力竞争的重要因素，越来越成为经济社会发展的重要支撑。

中国特色社会主义文化是当代中国的先进文化，其先进性，主要表现为它科学的思想理论，广泛的群众基础，富有凝聚力、感召力和创造力，并且富有与时俱进的开放精神。中国特色社会主义文化深深扎根于中华沃土，凝结着中华民族五千年传统文化的精华，也是世界文化一个不可或缺的重要组成部分。

参与主题教育活动　促进自己健康成长

镜头一

2014年11月3日，安徽省第七届少数民族传统体育运动会在安庆市体育馆隆重开幕，这是安徽省规模最大、规格最高的少数民族体育盛会。当涂二中派出8名由新疆班维吾尔族学生组成的毽球队代表马鞍山市前往参加运动会的“毽球”项目比赛，经过三天的激烈角逐，分别夺得女子双人项目1枚银牌和女子双人、男女混双、男子团体、女子团体等项目的4个铜奖的优异成绩；同时，古丽娜尔同学获“优秀运动员”称号，当涂二中新疆班毽球队获得了“体育道德风尚奖”荣誉称号。

毽球从中国古老的民间踢毽子游戏演变而来，是中国民族传统体育宝库中的一颗灿烂的明珠。它在花毽的趣味性、观赏性、健身性基础上，增加了对抗性，集羽毛球的场地、排球的规则、足球的技术为一体，是一种隔网

相争的体育项目，深受人民群众的喜爱。此次当涂二中新疆部组队参加民运会，不仅弘扬了民族优秀的传统体育文化，同时还充分展示当涂二中新疆班学生的精湛娴熟的体育技艺和优秀的团队合作精神，培养了民族自信心和自豪感，增强民族凝聚力，加强了民族之间的学习和交流，促进了民族大团结。

镜头二

为了庆祝祖国66周年的生日，当涂二中开展了丰富多彩的主题活动。2015年9月25日下午，新疆班携手当涂县翠竹幼儿园举办了以“我们同是中国人，民族团结一家亲”为主题的中秋国庆联谊活动。预科年级的同学与幼儿园的小朋友的歌舞互动，歌颂了伟大祖国取得的巨大成就，增进了民族的团结和友谊。10月3日上午，新疆部组织全体同学“美好乡村游”活动，前去参观了享有“美好乡村”之誉的当涂县万山村，下午参观了马鞍山市博物馆，游玩了雨山湖公园，让同学走进大自然、亲近大自然，了解马鞍山的历史和文化的发展，培养了学生热爱自然、关心社会发展的情怀。10月5日，邀请了来母校度假的新疆班首届毕业生、现在上海师范大学就读的阿尔祖古丽·麦麦提托合提同学与学弟学妹们进行学习汇报交流活动，用身边的榜样教育引导学生好好学习。学校同时举办了“民族团结一家亲”的主题征文活动，组织了新疆班各年级的足球、篮球友谊赛，增强了学生的体质，培养了学生的精诚合作、顽强拼搏的精神，帮助学生树立民族团结重要性的意识。

镜头三

◇在2015年新春佳节即将来临之际，2月13日下午，当涂二中新疆班举行了“叶尔羌河对您说”感恩送祝福活动。

马鞍山市教育局、马鞍山市民委、当涂县教育局、当涂县民委、当涂县公安局等单位的代表和当涂二中新疆班班主任近15人收到了新疆班学生的美好的新春祝福。

◇学生代表在发言中说：感恩，是中华民族的优秀传统美德。感恩，是一种生活态度，是一种品德、一种责任。常怀感恩之心，人与人、人与自然、人与社会就会变得更加和谐，更加亲切。我们自身也会因为这种感恩心理的存在而变得愉快和健康起来，生命将得到滋润。“一粥一饭当思来之不易，半丝半缕恒念物力维艰”，让我们深知美好生活的弥足珍贵；“慈母手中线，游子身上衣”，让我们铭记父母的养育之恩；“春蚕到死丝方尽，蜡炬成灰泪始干”，让我们勿忘老师的无私奉献。我们每一个中国人，都要心怀中国梦，学会感恩。作为新疆班的同学们，在当涂二中要好好学习，以优秀的成绩回报老师，回报父母，回报家乡，回报社会。

▶在新农村建设中，“村庄治理要突出乡村特色、地方特色和民族特色，保护有历史文化价值的古村落和古民宅”；要“保护和发展有地方和民族特色的优秀传统文化”。对此，你是如何理解的？

▶今天，我们为什么提倡“学会感恩”？我们应该怎样去感恩？

诵读经典美文　品味汉字魅力

镜头四

为了提高新疆班普通话的水平，引导新疆班学生热爱和传承中华优秀传统文化，充分感受中华经典的艺术魅力，2013年9月15日晚上，当涂二中新疆部和团委在新疆部综合楼联合举办了“当涂二中新疆班‘推广普通话，共筑中国梦’诗歌朗诵比赛”活动，来自高一新疆班的16名选手朗诵了中华经典诗歌名作。在优美动听的音乐的伴奏下，选手们富有情感和抑扬顿挫的精彩朗诵，深深地感染了同学们，赢得了同学们的阵阵掌声和喝彩。

◇经典文化，指在漫长的历史进程中，被流传下来代表某一时期的精髓的思想、

理念以及相关的作品。经典文化是民族的灵魂和社会的精神给养。无论是建设中华民族共有精神家园，抑或是建设社会主义核心价值体系，最终都是要以文化为载体的。而经典文化作为其中的骨干部分，永远都是文明发展的根基、创新的土壤和发展的动力。一切精神果实和智慧花朵，都是在经典文化的胚基上孕育、滋长并逐渐成熟起来的。所以，尊重经典、弘扬经典、创新经典和保卫经典，始终都是我们的崇高责任与神圣使命。

镜头五

◇2014年元宵节晚上，当涂二中新疆部举行元宵节猜灯谜活动。新疆班的200多名同学有说有笑地来到早已挂满了用红纸条制成的谜语的三楼活动室。同学们热闹地寻找好猜的谜面，静静地思考难猜的谜底。“中了，中了。”欢呼声此起彼伏，老师们忙着兑现奖品，小小的活动室成了欢乐的海洋。

◇元宵节灯谜是一种古老的汉族民间观灯猜谜的习俗。猜灯谜又称打灯谜，这一种汉族民俗文化自南宋起开始流行，南宋时，首都临安每逢元宵节时，好事者把谜语写在纸条上，贴在五光十色的彩灯上供人猜。因为谜语能启迪智慧又饶有趣味，所以流传过程中深受社会各阶层的欢迎。灯谜增添节日气氛，展现了古代汉族劳动人民的聪明才智和生活向往。灯谜是中华民族特有的一种文学样式，它独立于诗、词、曲、散文、杂剧之外，素有“知识小百科”“文化大观园”之称。猜灯谜是一种有益的文娱活动，既可启发人们的想象力，锻炼智力，又能增长知识，活跃生活。灯谜包含着丰富的历史文化知识，可谓是中华传统文化的奇葩。

▶如今，“经典诵读•优秀传统文化进校园”教育活动在全国各大、中、小学校如火如荼地开展起来。结合自己诵读经典的经历，说一说“经典诵读”对自己产生了哪些方面的影响。

▶上网查一查，选取几个非常感兴趣的灯谜，分析其中所蕴含的传统文化知识及其教育意义。

活动建议

▶运用多种手段，收集有关先进文化引领方面的资料，以“弘扬传统文化，做一个有理想的人”为题，举办一次演讲会。

▶利用节假日或社会实践活动，走访附近的乡村民居和村落，了解当地政府在社会主义新农村建设过程中，是如何保护当地的传统文化的。在新农村建设中，你认为还存在哪些问题？请根据所走访或调查的情况，撰写有关保护当地传统文化的调查报告或关于保护地方传统文化的倡议书。

▶文物是人类在历史发展过程中遗留下来的遗物、遗迹。它是人类宝贵的历史文化遗产。然而，当前的经济发展与文物保护的矛盾依然很突出。你认为经济发展与文物保护发生了冲突，应该如何解决？

第三单元
继承传统文化 实现文化创新

中国五千年灿烂文明，深深影响了古代中国，也深深影响着当代中国，为我们新时期文化发展与创新提供了丰厚的土壤和基础。传统文化作为民族文化的标志，它又不是一成不变的。文化的延续性在于继承，文化的包容性在于开放，文化的生命力在于创新。如何对待传统文化？如何继承中华传统文化？通过本单元的学习，我们不仅要继承优秀的传统文化，把握其精髓，同时也要创新传统文化，并在继承中结合时代的特点创新我们的新文化。中国梦凝聚了几代中国人的夙愿和追求，彰显了全国各族人民的共同理想和愿望，是对中华优秀传统文化的传承和发展。实现中国梦需要与弘扬中华优秀传统文化有机地结合起来，通过对中华优秀传统文化的创造性转化和创新性发展，为实现中国梦提供不竭的精神源泉，打牢实现中国梦的文化根基。

第六课 文化传统深深影响着当代中国

我们今天所享受的中华文化，是我国各族人民共同创造的，是中国人民世世代代积累下来的。中华传统文化中，有哪些强大的基因？它是如何深深影响着当代中国的？

· 文化传统深深影响着当代中国 ·

根深叶茂

世界上一些有识之士认为，包括儒家思想在内的中国优秀传统文化中蕴藏着解决当代人类面临的难题的重要启示，比如，“道法自然、天人合一”的思想，“天下为公、大同世界”的思想，“自强不息、厚德载物”的思想，“以民为本、安民富民乐民”的思想，“为政以德、政者正也”的思想，“苟日新日日新又日新、革故鼎新、与时俱进”的思想，“脚踏实地、实事求是”的思想，“经世致用、知行合一、躬行实践”的思想，“集思广益、博施众利、群策群力”的思想，“仁者爱人、以德立人”的思想，“以诚待人、讲信修睦”的思想，“清廉从政、勤勉奉公”的思想，“俭约自守、力戒奢华”的思想，“中和、泰和、求同存异、和而不同、和谐相处”的思想，“安不忘危、存不忘亡、治不忘乱、居安思危”的思想，等等。对于这些传统文化中适合于调理社会关系和鼓励人们向上向善的内容，我们要结合时代条件加以继承和发扬，赋予其新的涵义。

▶请选取其中的一两种思想，结合当代社会实际，谈谈这些思想对当前我国社会的进步和发展产生的影响。

传统文化是文明演化而汇集成的一种反映民族特质和风貌的民族文化，是民族历史上各种思想文化、观念形态的总体表征，是在长期历史发展中形成并保留在现实中、具有相对稳定性的文化。传统文化是我们生活中息息相关的，融入我们生活的，我们享受它而不自知的东西。

中华民族在漫长历史发展中形成的独具特色的文化传统，深深影响了古代中国，也深深影响着当代中国。当代中国强调的以人为本、与时俱进、社会和谐、和平发展，既有中华文明的深厚根基，又体现了时代发展的进步精神。我们要善于把弘扬优秀传统文化和发展现实文化有机统一起来，紧密结合起来，在继承中发展，在发展中继承。

相关链接

习近平总书记指出，中国优秀传统文化的丰富哲学思想、人文精神、道德信念等，可以为人们认识和改造世界提供有益启迪，可以为治国理政提供有益启示，也可以为道德建设提供有益启发。

回首中华民族几千年的浮沉史、近200年的坎坷史，中国共产党90多年的奋斗史，新中国60多年的探索史，改革开放30余年的发展史，兴衰成败、治乱交替的所有经验积累与精神积淀，在全面深化改革的今天，已然成为我们从容自信地推进全面深化改革历史任务的精神能量与文化支撑。

源远流长的中华文化，积淀着中华民族最深层的精神追求，代表着中华民族独特的精神标识，为中华民族生生不息、发展壮大提供了丰厚滋养。今天，具有厚重历史积淀、高远思想境界、丰富文化内涵的中华优秀传统文化仍然深深影响着当代中国的发展，为“中国梦”的实现提供取之不竭的力量之源。

相关链接

天行健，君子以自强不息

中华民族历来具有积极进取的思想品格，其中的“日新”精神为社会主义核心价值体系提供了重要思想素材。《周易》曰：“日新之谓盛德。”《礼记》中有“苟日新，日日新，又日新”之句。程颢、程颐则教诲后人：“君子之学必日新，日新者日进也。”“天行健，君子以自强不息”，正是在这种坚忍不拔、与时俱进传统的推动下，中华民族不仅以造纸术、印刷术、指南针、火药等伟大创造闻名于世，还以不断变革创新的实践彪炳人类制度创新史，政治改革有“商鞅变法”，军事变革有“胡服骑射”，官吏选拔制度有“科举制”，不一而足。中华民族是个富有创新精神的民族，是个古老而又年轻、充满朝气活力的民族。许多学者研究表明：中国传统文化能勇敢地吸收外来文化，追求流行、时新，与此同时毫不犹豫地抛弃旧有的模式。

· 中华民族最强大的精神基因 ·

◇戏曲是中华文化的瑰宝，是中华民族的文化基因和遗传密码。我国戏曲剧种数量曾经多达374种，保护、传承、发展好戏曲，对于弘扬社会主义核心价值观、传承中华民族传统文化、维护文化生态平衡具有重要意义。

安徽戏曲中的人物形象

◇安徽戏曲艺术源远流长，遗产丰富。早在明嘉靖年间(1522—1566年)，在沿江一带就流行的“假面俳优”(傩戏)，至今仍保存在，被视为戏曲的活化石。明万历(1573—1620年)前后，又崛起了青阳腔和徽州腔，在岳西、潜山一带至今仍有影响。发源于安徽的徽剧艺术在中国戏剧史上占有重要地位。清乾隆五十五年(1790年)，“三庆”“四喜”“春台”“和春”四大徽班相继进京，影响很大，成为汇成近代京剧艺术的主要源流之一。

◇戏曲艺术的传承与发展，离不开青少年群体的培养，从基础教育开始，加强整个教育体系中戏曲教育的内容，丰富戏曲教育的形式，对于戏曲艺术的普及、推广、繁荣有着极其重要的意义。十年树木，百年树人；百年大计，教育为本。传承我们的文化基因，彰显我们的精神标识，教育是基础和根本。

▶为了弘扬中华优秀文化，传承中华文化基因，如今已有越来越多学校开展了“戏曲进校园”的活动。谈一谈开展这一活动的现实意义。

▶你喜欢我国的传统戏曲吗？你认为传统戏曲如何才能真正地让我们青少年学生喜欢和接受？

基因，是内在成因，是根脉，是抗体。正如人长得像自己的父母是有遗传基因，一个国家、一个民族也有自己独特的精神基因，从而形成不同于他国、他民族的人文性格和文化习惯。中华民族的精神基因、文化根脉在哪里？在传统文化里。千百年来，中华文化中凝聚、积淀、总结了许多优秀、精辟、独特的思想精华，已经融入中华民族的文化血脉之中，为一代代中华儿女所敬仰、认知、学习、传承。中华文化传统能薪火相传，就因为其活在我们的基因里，流淌在我们的血脉中。

相关链接

2014年1月27日晚，2014年当涂县春节团拜会暨迎新晚会在当涂县会展中心举行。新疆班同学在晚会上表演歌伴舞《欢乐的麦西来甫》

“麦西来甫”是维吾尔语“欢乐的广场歌舞聚会之意”，是维吾尔族民间流行的一种以歌舞和民间娱乐融为一体的娱乐形式，以舞为主，配以歌唱，节奏明快，热情奔放。麦西来甫是舞蹈、各种民间娱乐和风俗相结合的一种歌舞形式。它不仅丰富人们的精神生活，而且具有传播艺术和道德风尚的社会作用。刀郎麦西来甫是维吾尔族优秀民间悠久文化的代表，蕴藏和积淀着丰富的维吾尔族民间传统文化艺术的信息，承载着整个民族文化基因的继承和传播，孕育着维吾尔族的心理机制，培养着维吾尔民族的气质与性格。

中华优秀传统文化是中华民族语言习惯、文化传统、思想观念、情感认同的集中体现，凝聚着中华民族普遍认同和广泛接受的道德规范、思想品格和价值取向，具有极为丰富的思想内涵。天下兴亡、匹夫有责的家国情怀，仁爱共济、立己达人的社会关爱，正心笃志、崇德弘毅的人格修养，天人合一、内圣外王的精神境界，自强不息、厚德载物的人生态度，己所不欲、勿施于人的道德原则，和而不同、和实生物的价值追求，天下为公、大同之世的社会理想等，凝聚了千百年来中华民族的生活经验、生存智慧，包含着中华民族最强大的精神基因。

> 有着5000多年历史的中华文明，始终崇尚和平，和平、和睦、和谐的追求深深植根于中华民族的精神世界之中。
>
> ——习近平

中华文明绵延数千年，有其独特的价值体系。中华优秀传统文化已经成为中华民族的基因，植根在中国人内心，潜移默化影响着中国人的思想方式和行为方式。今天，我们提倡和弘扬社会主义核心价值观，必须从中汲取丰富营养，否则就不会有生命力和影响力。因此，构建中华民族的精神家园，就需要大力弘扬中华优秀传统文化中的强大基因。只有以此为根基，才能在世界文化激荡中站稳脚跟。

相关链接

孙中山“天下为公”思想的产生与精髓

孙中山书写的“天下为公”

“天下为公”出自《礼记·礼运》。子曰：“大道之行也，与三代之英，丘未之逮也，而有志焉。大道之行也，天下为公”。“大道之行也，天下为公。”意思是天下是公众的，天子之位，传贤而不传子，后成为一种美好社会的政治理想。明末清初民主主义启蒙思想家王夫之在其《读通鉴论》中，以“天下为公”为武器，批判封建制度，提出“公天下”的主张，认为“天下非一家之私”。近代梁启超把顾炎武的这一思想概括为“天下兴亡，匹夫有责”。到19世纪末20世纪初，康有为在其所著《大同书》中，再次勾画出了一个“公天下”的理想社会：“大同之世，天下为公，无有阶级，一切平等。”对中西文化都有广泛涉猎的伟大民主革命先行者孙中山继承了我国传统道德伦理思想，在提出了“忠孝、仁爱、信义、和平”的道德规范同时，继承了中华传统文化的精髓，对“天下为公”的理想更是情有独钟。他在1924年关于“三民主义”的著名演讲中，提出了“真正的三民主义，就是孔子所希望的大同世界”，并具体说，两千多年前的孔子、孟子便主张民权。孔子说：“大道之行也，天下为公。”便是主张民权的大同世界。孙中山认为的“天下为公”蕴含内容深邃、宽广。它不但吸收了儒家思想的精华，而且融入了中国古代农民起义者的平等思想、西方资产阶级的民主思想以及当时流行的社会主义思想。

相关链接

当涂民歌列入第一批国家级非物质文化遗产名录

当涂民歌传人陶小妹在演唱民歌

当涂民歌是流行于皖南当涂县的各类汉族民歌的统称。当涂素有“民歌之海”的美誉。当涂民歌，曲调优美，节奏轻快，富有江南水乡民歌的独特风格。民歌在该县流行极广，且种类繁多。

当涂民歌数量众多，题材广泛，异彩纷呈，形成多种体裁。内容几乎涉及社会生活的各个方面。流行于当涂大公圩一带的是号子、牛歌、舞调，流行于博望、湖阳、新市一带的是船歌、渔歌、灯歌，流行于沿江采石、霍里、新桥一带的是秧歌、对歌、门歌等。当涂民歌语言丰富，结构完整，曲调多样，唱法独特，显示出鲜明的地方性民间音乐和语言艺术的魅力。代表曲目有《打麦歌》《放牛歌》和《姐在田里薅豆棵》等。

当涂民歌是当涂人民智慧的结晶，是劳动人民口头创作、口头演唱、口耳相传的文化表现形式的典型代表，经过历代文化人的艺术加工后，更具有高度的历史价值和文化价值、艺术价值，是不可多得的音乐和语言艺术珍品。

2006年5月20日，当涂民歌经国务院批准列入第一批国家级非物质文化遗产名录。

第七课 继承传统文化 实现文化创新

近些年来，传统文化在我国现代化的进程中具有不可替代的积极作用，但也要清晰地看到，传统文化在促进发展的同时，也存在着不利于现代化进程的阻碍因素。没有文化的批判继承，就没有文化的创新和发展。那么，我们应该如何继承传统文化，实现文化的创新呢？

· 取其精华，去其糟粕 ·

漫画一："过滤"

漫画二：一剪刀

▶对待我国的传统文化，我们要持正确态度，请结合所学知识，分析两幅漫画中的做法是否正确？

一个民族、一个国家，只有发挥传统文化的积极作用，克服传统文化的消极作用，才能兴旺发达；每个人只有正确对待传统文化的影响，才能使自己全面发展，更好地创造新生活。

如何继承传统文化，发挥传统文化的积极作用呢？正确的态度是：取其精华，去其糟粕，批判继承，古为今用。面对传统文化，要辩证地认识它在现实生活中的作用，分辨其中的精华和糟粕。对于传统文化中符合社会发展要求的、积极向上的内容，应该继续保持和发扬；对于传统文化中不符合社会发展要求的、落后的、腐朽的东西，必须"移风易俗"，自觉

> 中华文化是中华民族生生不息、团结奋进的不竭动力。要全面认识祖国传统文化，取其精华，去其糟粕，使之与当代社会相适应、与现代文明相协调，保持民族性，体现时代性。
>
> ——胡锦涛

地加以改造或剔除。

五千多年灿烂不熄的中华文明，是中华民族精神产生和形成的沃土。礼运大同篇、易经的时中观、大中以正的思想，先秦儒家的仁道、忠恕、博厚的思想，道家的博大、寥天的开阔胸怀，墨家的刻苦耐劳、实践笃行等，都是我们中华民族的历史文化明珠，是中华传统文化的精华。

相关链接

古人所说的“先天下之忧而忧，后天下之乐而乐”的政治抱负，“位卑未敢忘忧国”“苟利国家生死以，岂因祸福避趋之”的报国情怀，“富贵不能淫，贫贱不能移，威武不能屈”的浩然正气，“人生自古谁无死，留取丹心照汗青”“鞠躬尽瘁，死而后已”的献身精神等，都体现了中华民族的优秀传统文化和民族精神，学习和掌握其中的各种思想精华，对树立正确的世界观、人生观、价值观很有益处。

·推陈出新，革故鼎新·

近年来，若从作品的数量和热闹的程度上作考量，我们的文化无疑是繁荣的。但若从创新的意义上作评析，就很难乐观了：有创新，但不够，甚或可以说是很不够，特别是缺乏全面的、本质的和带有突破意义的创新。正是由于创新不够，才造成了一些作品思想力、艺术力的羸弱和感染力、影响力的式微，才导致了重复、复制、模仿、翻拍风的盛行和题材撞车、手法雷同、扎堆抢“戏”、群起趋“摹”的现象。这些乱象不仅妨碍了文化覆盖面的扩大，也成为中国文化进一步走向世界的障碍。

新疆文学艺术界学习贯彻习总书记讲话精神座谈会

▶现在我国的文学作品的产量在激增，而真正阅读文学作品的读者却在减少。这不得不让我们进行认真的思考。要繁荣社会主义的新文化，我们的文化工作者应该如何做？请谈谈你的看法。

▶习近平总书记在文艺工作座谈会上指出：“文艺是时代前进的号角，最能代表一个时代的风貌，最能引领一个时代的风气。”新疆是一个多元文化共存的地区。请谈谈在新的时代条件下，新疆应该如何进一步激发文化的活力，挖掘文化内核？如何用现代文化引领社会的进步？

任何时代的文化都离不开对传统文化的继承，任何形式的文化都不可能摒弃传统而从头开始。要对传统文化“取其精华、去其糟粕”，进行批判性继承，做到“推陈出新，革故鼎新”，创造新文化、发展先进文化。

> 苟日新，日日新，又日新。
>
> ——《礼记·大学》

一个国家、一个民族的强盛，总是以文化兴盛为支撑的，中华民族伟大复兴需要以中华文化发展繁荣为条件。对历史文化特别是先人传承下来的道德规范，要坚持古为今用、推陈出新，有鉴别地加以对待，有扬弃地予以继承。

相关链接

“推陈出新”出自《梁溪漫志·张文潜粥记》引东坡帖：“吴子野劝食白粥，云能推陈致新，利膈养胃。”指对旧的文化进行批判地继承，剔除其糟粕，吸取其精华，创造出新的文化。

“革故鼎新”出自《周易·杂卦》：“革，去故也；鼎，取新也。”旧指朝政变革或改朝换代。现泛指除去旧的，建立新的。

任何一种优秀文化传统，只有与时俱进，不断扬弃与更新，才能永葆青春与活力。当今世界激烈的综合国力竞争，不仅包括经济实力、科技实力、国防实力等方面的竞争，也包括文化方面的竞争。保持和发展本民族文化的优良传统，同时实现文化的与时俱进和开拓创新，是关系民族前途和命运的重大问题。中华文明的内在发展动力，在于它的刚健有力，在于它的开放包容，在于它的变革创新。在这里，悠悠古韵与勃勃生机是有机结合的，文化传承与文化创新是内在统一的。传承是基础，创新是生命，两者不可偏废。

创新是一个民族进步的灵魂，是一个国家兴旺发达的不竭动力，也是一种文化生生不息的源头活水。即使是优秀的文化传统，也要适应时代的需要，实现现代化的创造性转化，

> 问渠哪得清如许？为有源头活水来。
>
> ——（宋）朱熹

同时融入民主精神、科学精神、自由精神、平等精神、法治精神、公正精神等新理念。只有永远保持创新的精神，才能谱写新时代民族文化的新篇章，赋予其新的内涵和活力。

一部人类文化发展的历史，就是文化不断地从创新中汲取力量、开拓进取的历史。无数事实一再向人们确证：只有不断地创新才能及时而有效地赋予文化以新的内容和新的时代精神，使其不断地焕发出新的光彩与活力，并由此获得新的价值和意义。

名词点击

“实事求是”是毛泽东哲学思想的根本点、出发点，是毛泽东哲学思想的精髓。而“实事求是”正是借用了中国的古语，即东汉班固著《汉书》，描写汉景帝刘启的儿子刘德治学严谨，谓之“修学好古，实事求是”。毛泽东在《改造我们的学习》中给予新解，指出“‘实事’就是客观存在着的一切事物，‘是’就是客观事物的内部联系，即规律性，‘求’就是我们去研究。”（《毛泽东选集》第三卷，第801页）

专家点评

文化创新是文化的生命之源，是先进文化的特质。自“五四”新文化运动以来，特别是从改革开放的伟大实践中，使我们更加清晰地看到，作为民族的、科学的、大众的先进文化，其生命的灵魂和前进的动力始终都在于坚持不懈地进行创新。对于蕴涵和作用于智慧、道德、思想与精神的文化来说，任何形式的守旧和停滞都意味着对社会进步的扼制和对民族精神的消解。文化创新，体现了文化自身特质和实现自身功能的必由之路。

◇新疆是我国多民族聚居的地区，少数民族传统文化在此源远流长，表现形态各异、特色鲜明，对新疆的经济社会发展和民族关系产生着深刻的影响。新疆少数民族传统文化不仅具有强大的生命力，而且在社会发展过程中与时俱进，相互交融，不断丰富和发展。新疆少数民族对其他民族传统文化的了解、尊重、接纳、借鉴等，都在不同程度上加速了民族间的认同，各民族在相互吸纳、包容的过程中增进了平等、团结、互信、互助，增强了中华民族的认同感和归属感，促成了中华民族大家庭的和谐。

▶运用所学的知识，谈谈在构建新疆和谐社会的历史进程中，我们应该如何甄别和利用少数民族传统文化。

◇帽饰作为人类文明史上重要的装饰品，曾经发挥着重要的作用，因为它不仅仅代表了人类文明的进步，更是代表了不同国家、不同地域、不同种族的文化特征。新疆维吾尔族传统花帽亦是如此。花帽，是维吾尔族服饰的组成部分，也是维吾尔族美的标志之一。早在唐代，西域男性多戴卷檐尖顶毡帽，款似当今的“四片瓦”。到了明代，因受阿拉伯和中亚文化的影响，维吾尔族男子削发戴小罩刺绣花帽。清代初期，维吾尔族花帽在用料和款式方面，有了新的发展。冬用皮，夏用绫，前插禽羽。女帽皆用金银线绣花点缀与装饰。喀什的四楞花帽脱颖而出，几乎成了维吾尔族花帽的主流而延续至今。经过各地维吾尔族人民的不断创新，花帽做工愈益精细，品种更为繁多。但主要有“奇依曼”和“巴旦姆”两种，统称“尕巴”（四楞小花帽）。

维吾尔族花帽

▶“经过各地维吾尔族人民的不断创新，花帽做工愈益精细，品种更为繁多。”这句话对你有何启示？

社会实践是文化创新的源泉。文化创新必须立足于社会实践，社会实践是文化创新的根本途径。同时，文化创新还需要博采众长，不同民族文化之间的交流、借鉴与融合，也是文化创新必然要经历的过程，为传统文化注入时代精神是文化创新的重要追求。

专家点评

维吾尔族和其他各民族一样，是一个有着丰富灿烂文化的民族。维吾尔十二木卡姆及维吾尔文学历史悠久，都是中华文化宝库中的瑰宝。还有维吾尔人自古以来就酷爱的绘画、雕刻、工艺美术，闻名中外的玉雕、铜器、地毯、民族花帽，以及建筑艺术都具有独特的风格；维吾尔族的服饰文化源远流长，从公元前的赵武灵王到中唐时期的中原大地上，曾屡屡掀起“穿胡服”的热潮。新疆自古盛产丝绸，其中维吾尔族的艾特莱斯绸，俗称和田土花绸，用纯正生丝织成，图案鲜艳和谐，纹样粗犷奔放，用这种绸子缝制成的筒裙，成了维吾尔妇女的盛装礼服，表现了较高的审美意识。令人惊叹的是，丝绸这样精美华贵的纺织品，能在干旱的大漠绿洲中千年传承发展起来，从而形成美轮美奂、热情奔放的艾特莱斯绸纺织文化及服饰文化。可以说，维吾尔族在服饰文化的价值取向上从来没有落伍过，一直是在跟其他民族同步发展的；还有独具特色的饮食文化，自古以来就在各民族中享有极高的声誉。维吾尔族善于学习语言，一直有着学习多种语言的渴望与追求，很多维吾尔人都能掌握双语（母语及汉语），有的人甚至还能掌握三四种语言。中世纪时，很多维吾尔作家都能用双语写作，阿拉伯语、古波斯语、古突厥语、汉语、梵语等。在波斯语和阿拉伯语盛行的中亚、西亚，当时人们普遍认同阿拉伯语是学术的语言，波斯语是艺术的语言。

新疆班维吾尔族同学在“古尔邦”节晚会上的民族服饰展示

维吾尔族先驱们，通过不懈的努力，终于使突厥语（维吾尔语属突厥语族）与波斯语抗衡，成为走在时代最前列的两匹骏马；维吾尔族的舞蹈轻盈、优雅，为其他民族所称羡，唐时的长安，以跳回纥人的胡旋舞为时髦……

——摘自《坚持以现代文化为引领 弘扬维吾尔族优秀传统文化》，2013年8月13日《阿克苏日报》，作者：阿扎提·苏里坦

·面向世界，博采众长·

在社会实践的基础上，不同民族文化之间的交流、借鉴与融合，既是人类文明发展的重要动力，也是文化创新必然要经历的过程。实现文化创新，需要博采众长。

文化的交流、借鉴与融合，是学习和吸收各民族优秀文化成果以发展本民族文化的过程；是不同民族文化之间相互借鉴以“取长补短”的过程；是在文化交流、借鉴的基础上推出融汇多种文化特质的新文化的过程。由此可见，文化的多样性是文化创新的重要基础。

在文化交流、借鉴与融合的过程中，必须以世界优秀文化为营养，充分吸收外国文化的有益成果。不同文化之间，有差异就难免有矛盾、有竞争，但文化差异不应该成为文化交流的障碍，文化竞争并不排斥文化合作。不同民族的文化平等交流、相互借鉴，才能共同推动世界文化创新。

专家评述

中国梦最基本的内涵是中华民族的伟大复兴，这意味着国家富强、民族振兴、人民幸福，也意味着要建设强盛中国、文明中国、和谐中国与美丽中国。事实上，中华民族伟大不仅必然包含着中华文化的伟大复兴，而且必然由中华文化来驱动、来支撑、来引领。坚持中国道路、弘扬中国精神、凝聚中国力量作为实现中国梦的重要遵循，就体现出中华文化的驱动、支撑和引领。

实现中国梦需要文化创新支撑。今天，我们要立足于发展中国特色社会主义的实践，着眼于人民群众不断增长的精神文化需求，在历史与现实、东方与西方的文化交汇点上，发扬中华民族优秀文化传统，汲取世界各民族文化的长处，在内容和形式上积极创新，努力铸造中华文化的新辉煌，为实现伟大的“中国梦”注入更加强劲的力量。

> 深入挖掘中华优秀传统文化蕴含的思想观念、人文精神、道德规范，结合时代要求继承创新，让中华文化展现出永久魅力和时代风采。
>
> ——习近平

综合探究

我国少数民族传统文化的现代化走向

现代化的推进过程中必然伴随着对传统文化的冲击，这是世界现代史和当代社会发展中极具普遍性的问题。不论发达国家还是发展中国家，不论占人口多数的民族还是少数民族，都是如此。在我国改革开放引导的现代化进程中，不同地区不同民族的交流空前扩大，各种现代传媒的传播速度和传布范围、各种传统文化受现代文化的冲击都达至空前程度。

改革开放以来，我国少数民族传统文化受到了巨大冲击，特别是西部大开发战略的实施，在给民族地区经济发展带来前所未有契机的同时，也给其传统文化发展带来更大的挑战。现代化是无可抗拒的，因为它最大限度地解放了人类自身；但现代化同时又是一柄双刃剑，它在带来现代文明的同时，也在同化着人类，使人们在巨大的经济诱惑面前，不知不觉地丧失自我、丧失自己的精神家园。

任何一种文化传统，只有随着时代的前进，不断地扬弃、改造和更新，才能保持其旺盛的生命力，并给现实生活以永不枯竭的推动力。我国少数民族传统文化内容丰富且庞杂，其中有糟粕，也有精华；有各民族文化的融合，也有外国文化的渗入。少数民族文化必须继承优秀传统文化，既保持其主体性，又适应现代经济社会的要求，超越时空地域局限，才能成为真正意义上的现代文化思想。传统文化向现代文化转型是实现传统文化的自身价值与建设中国特色社会主义现代文化的理想方法。

以现代文化引领少数民族传统文化的转型

材料一

以现代文化引领，就是要把以爱国主义为核心的民族精神和以改革创新为核心的时代精神作为基本内涵，努力形成爱国、感恩、勤劳、互助、开放、进取的精神，使人们能够超越民族、血缘、语言、地域、风俗等差异，在全社会形成广泛的价值认同，不断增强向心力和凝聚力，共同推进新疆实现跨越式发展。

材料二

新疆自然生态环境以天山为界，形成了两个各具特点的生态区域。根据新疆各民族所

2014年11月7日，新疆艺术剧院民族乐团在
巴州库尔勒市哈拉玉宫乡开展巡演活动

处的自然地理环境及其经济文化类型和生计方式，我们可以把新疆各民族的经济文化划分为草原游牧经济文化和绿洲农耕经济文化两种类型。世界各国的社会实践证明，现代化是人类发展的必然，从人类文明发展进程看，现代文明是被定义为工业文明。随着我们由游牧社会、农业社会进入工业社会，我们的物质基础变了，依托在物质基础上的文化也应该有所变更。对新疆这个多民族区域来说，当前我们更应当建立起我们的工业文化，也就是现代文化。文化与经济是密切结合的，经济推动文化，文化提升经济。如果我们的文化不与时俱进，它就非常有可能给经济的发展形成不同程度的阻碍。所以，文化性质从农业文化和游牧文化转向工业文化是一个必然的趋势。如果传统文化不具有现代意义，传统文化没能与现代工业社会联系起来，那就落后了。

材料三

新疆首批非遗项目土陶第5代传人
——祖农·阿西木江

新疆是多民族、多文化、多语言、多宗教地区，有着特色鲜明的文化生态环境和丰富、多元的少数民族文化，丰厚、多姿的民族传统文化底蕴是现代新疆文化发展的根基和不竭动力。各民族的传统文化当中既有精华也有糟粕，各民族也都面临着如何以开明开放的心态学习先进文明成果、实现合理扬弃、实现自身现代化的问题。只有以现代文化为引领，才能推进各民族传统文化转型，使每个民族在继承保持文化传统精华的同时，在提升现代文化观念上达到共识，通过文化反思对本民族传统文化进行自觉引导，以高度的文化自觉认识、继承、创新民族文化，以世界眼光和开阔胸怀借鉴人类有益的文明成果。

▶有人认为，从民族习惯和民族特点来看，为了保留本民族的文化特色，凡是历史上形成的、属于本民族的东西，就应该全部地不加分别地都要保护下来，这样才能更好地保留本民族的文化特色。这种观点对吗？谈谈你的看法。

▶就目前来看，新疆各少数民族在饮食结构上已经发生变化，肉食逐渐减少，蔬菜类和副食品逐渐增多。其他的如彩电、冰箱、洗衣机、煤气灶等现代家用电器和用品都开始进入游牧民家中，小四轮拖拉机、摩托车也逐渐取代了往日的驴车和马车。说一说，这些变化说明什么？

重视民族文化的保护、继承和弘扬

材料四

党和国家历来重视民族文化的保护、继承和弘扬，改革开放以来尤其如此。我国社会主义的民族政策是促进民族繁荣的政策。这种繁荣既包括政治、经济、科技教育和思想道德水平及人口规模和素质等方面的全面提高，也包括各民族优秀文化的充分发展。首先，对少数民族优秀文化遗产实施有效的保护、整理和研究。面对少数民族传统文化遗产日渐湮灭、损毁和流失的危险，国家本着“抢救第一”和“有效保护，合理利用，加强管理”的方针，动员各种力量努力予以抢救性的保护、发掘，并适时加以整理和研究。其次，对少数民族文化制定和实施特殊的政策和措施。除了国家和各级政府部门的政策措施之外，随着人们对保护民族文化自觉性的提高和各民族自我意识的增强，一些社会有识之士及少数民族的社会团体和个人也自发地作出各种努力，对各民族不同的传统文化内容进行了保护或弘扬。

材料五

新疆是我国最为主要的历史民族区，自古以来就是多民族、多文化的汇聚地，经过千百年来历史文化的沉淀和熏染，形成了新疆独具魅力的少数民族传统文化，是中华大文化中不可或缺的瑰宝。在全球化背景下，在工业文明和外来文化的冲击下，如何对少数民族传统文化加以保护、整合和创新，是新疆文化建设的重要任务。

材料六

1992年我国政府在边疆地区开始实施“万里边疆文化长廊”建设，1994年，党中央把这项计划列入《爱国主义教育实施纲要》项目，其后，八届全国人大四次会议审议通过的《国民经济和社会发展“九五”计划和2010年远景目标纲要》又把它作为国家社会发展的一项战略目标列入其中。这个计划自实施以来，中央和18个边疆省区及共建部门已投入50.68亿元。国家民委和文化部还曾举办过全国少数民族文艺会演，每年都要请少数民族艺术团体

新疆边疆万里数字文化长廊建设试点单位第一期培训班

到北京进行文化展演，少数民族聚居的省区定期举办少数民族艺术节。1982年以来，每四年举办一次全国少数民族传统体育运动会等。

全国“边疆万里数字文化长廊”工程是文化部于2013年启动实施的文化惠民工程，是“十二五”期间文化共享工程规划的重点项目，旨在通过向边疆地区配备数字文化器材，提供数字文化服务的方式，提升边疆地区公共文化服务效能，促进民族团结和边疆和谐稳定。据2013年9月6日的《中国文化报》报道：8月20日至23日，“新疆边疆万里数字文化长廊建设试点单位第一期培训班”在阿勒泰地区哈巴河县举办，来自塔城、阿勒泰、昌吉、哈密4个涉边地州的文化局社文科负责人、文化共享工程支中心和基层服务点相关负责人、乡镇文化站站长和社区(村)文化室工作人员等73名学员参加了培训。在为期3天的培训中，来自文化部全国公共文化发展中心、北京大学、国家图书馆等单位的专家们就公共电子阅览室信息技术平台建设，边疆万里数字文化长廊建设概况，文化共享工程基层服务点的日常维护、资源接收和发布等内容进行了授课。本次培训班是各试点地区中首个针对长廊项目建设而举办的专题培训班。

该项目2014年立项，仅新疆区域内将投入建设资金9300余万元，项目惠及10个地州33个县市的339个乡镇(街道、农牧场)、3123个村(社区、牧场)的500余万名各族群众。截至2015年7月，前两批共3500万元建设资金已经确定。

▶面对现代化和全球化进程的冲击，新疆各少数民族传统文化面临着严峻挑战，很多珍贵的民族文化传统濒临流失和消亡。在传统文化走向现代化的进程中，我们应该如何加快保护民族传统文化？

▶有学者指出：“我们继承和弘扬少数民族传统文化，既要保护文化多样性，同时也要增强文化的共同性或统一性。文化多样性是各民族认同的基础，文化的共同性或统一性是中华民族和国家认同的基础。”对此，你是如何认识的？

活动建议

▶参加一次“魅力边疆”摄影作品征集活动，并以“大美新疆”为题，写一篇参与这次活动的心得体会。

▶了解自己所在地区现代化发展给本地区所带来的变化，并结合自己家乡的实际，就本地区的传统文化保护方面的状况，撰写一份有关传统文化现代化转型的调查报告。

第四单元
做有自信、懂自尊、能自强的中国人

我们生活在一个五彩缤纷的社会，一个日新月异的时代，我们正当风华年少，漫长的人生道路等着我们去探索、去实践，要想“立身社会，学会做人”，必须要正确处理个人与他人、个人与社会、个人与自然的关系，学会心存善念、理解他人、尊老爱幼、扶残济困、关心社会。通过本单元学习，同学们要清楚地认识到，一个国家，无论社会经济如何高速增长，国力如何强大，如果其人民缺乏良好的人格修养，道德水平不增反降，其发展就没有任何意义可言。“家是最小国，国是千万家”“我爱我的国，我爱我的家。”在中国，说不完道不尽的，正是那永不衰竭的家国情怀。家国情怀，是中华传统文化中最宝贵也是最活跃的精神资源。作为青少年学生，要深刻认识中国梦是每个人的梦，我们要以祖国的繁荣为最大的光荣，以国家的衰落为最大的耻辱，增强国家认同，培养爱国情感，树立民族自信，形成为实现中华民族伟大复兴的中国梦而不懈努力的共同理想追求，做有自信、懂自尊、能自强的中国人。

第八课　仁爱共济、立己达人的社会关爱

爱，编织了我们这个缤纷多彩的世界。关爱他人，助人为乐，是中华民族的传统美德。作为青少年学生，我们应该要学会用美好的心灵，传递人间的真情，用自己的真心去关爱他人，用自己的诚心去温暖社会，用自己的奉献去美化环境，诚心诚意、踏踏实实地做好身边的每一件小事。只要我们时时刻刻“心中有爱，心中有他人，心中有社会”，向整个社会献出自己的爱，我们的社会就会变得更加美好。

· 弘扬仁爱传统文化思想 ·

◇敬老爱幼是我们中华民族的优良文化传统美德，“老吾老以及人之老，幼吾幼以及人之幼”，当涂二中把敬老院作为实践的场所，组织新疆班同学参与到社会公益劳动的实践中去，让同学们更好地了解社会、感受社会，真正地体验到爱心助人和社会关爱的重要性，用自己的实际行动传承中华民族的传统美德。

◇2015年2月15日（农历腊月二十七）上午，当涂二中新疆班志愿队来到当涂县姑孰敬老院慰问这里的孤寡老人，孩子们自编自演了新疆民族歌舞，给老人们带来了节日的快乐，同时也给老人们带去牛奶、苹果等慰问品，表示他们对老人们的一片爱心。

新疆班同学在为老人表演节目

▶请同学们说一说青少年学生参加社会公益活动的意义。

▶如果下次请你来负责这样的主题慰问活动，你如何策划？请写出主题活动策划书。

仁爱思想是中华传统道德体系中最基本的内容。传统文化十分重视对人的仁爱之心的培养，把人的爱心视为人之为人的前提和社会存在与人的发展的基础。从孔孟到程朱的历代儒家代表人物，都把“仁”作为一种最高的道德准则，成为中国古代伦理道德的宗旨和根本，它是人们立身处世、为政治国的指南和规范，是中华人文精神的集中体现。

相关链接

“仁”的基本内涵就是“爱人”。孔子的学生樊迟向孔子请教什么是“仁”时，孔子回答说：“爱人。”（《论语·颜渊》）“仁”是儒家思想的核心和基础，它包括三个方面的基本涵义：一是家族成员间要相爱友善；二是要用对待家庭成员间的友善态度来对待一切人，具体表现就是要设身处地为他人着想，对他人有理解、宽容的态度和心理；三是统治者要有爱民之心，实施仁政和德政，为老百姓谋利益，与民同忧，与民同乐，使老百姓能够安居乐业。

我国现在要构建社会主义和谐社会，要以人为本，有必要学习和借鉴“仁爱”这一传统文化思想，去其糟粕，取其精华，弘扬“仁者爱人”的传统思想。现代文明社会提倡和鼓励人们要有爱心，关爱社会，关爱他人，帮助他人，在精神实质上与儒家所倡导的“仁者爱人”“泛爱众”是一致和相通的。

作为青少年学生，我们应该从小开始，要怀着一颗坦荡、赤诚之心去关心、宽容他人，乐于奉献，乐于助人，以实际的行动努力创造和谐、关怀的环境，要从小做到“家事国事天下事，事事关心”，做到 “心中有祖国，心中有他人”。

相关链接

胡锦涛提出的“八荣八耻”荣辱观全面承继了中国传统文化的精髓，特别强调一个“爱”字，是对传统优秀文化的发扬光大。中国传统文化中荣辱观价值理念，

社会主义荣辱观“八荣八耻”

表现在人与人、人与社会、人与自然的关系上，把天、地、人看成一个统一、平衡、和谐发展的有机整体。“八荣八耻”的荣辱观是中国传统美德和时代精神的完美结合，为我们倡导社会主义道德风尚，确立了鲜明的价值导向，是我们进一步加强思想文化建设的重要指导方针。

· 和衷共济，促进民族和谐发展 ·

安徽援疆干部吴健生

在2015年4月召开的安徽省民族团结进步表彰大会上，来自安徽省广播电视科研所的高级工程师、安徽援疆人才吴健生被授予“全省民族团结进步模范个人”荣誉称号。2014年2月28日，在他援非工作回国十年后主动请缨、积极申请下，终于如愿以偿，踏上援疆之路，来到和田地区皮山县文广局担任高级工程师，对口帮扶广播电视相关技术。一年来，吴健生工作上任劳任怨，除了要完成局里的技术指导任务，还要完成安徽援疆指挥部宣传报道任务。无论工作环境多么艰苦，他总是乐呵呵地开展工作。因为他憨厚、善良，不但局里的汉族同事和他成为朋友，民族同志也愿意跟他交往。他跟民族同志学习维吾尔族语言，学习民族舞蹈，交流玉石文化，在一言一行中积极做各民族交往、交流、交融的促进者。

得知自己获得“全省民族团结进步模范个人”荣誉称号，他腼腆地笑起来，表示一定要珍惜荣誉，再接再厉，继续发挥模范表率作用，为促进各民族和睦相处、和衷共济、和谐发展作出新的更大贡献。

- 从吴健生同志的援疆的先进事迹中，你受到什么启示？
- 结合自己家乡的实际，谈一谈在新的形势下安徽省对口文化援疆具有什么重要意义。

名词点击

“和衷”和“共济”两词分别出自《尚书·皋陶谟》:“同寅协恭和衷哉。”《国语·鲁语下》:“夫苦匏不材于人,共济而已。”和衷共济的意思是,大家一条心,共同渡过江河。比喻同心协力,克服困难。

“和衷共济”是一种超越时间与空间的智慧、价值和理想。它以中国传统文化价值来表达和丰富当代中国的新理念:“和衷”是凝聚、提升发自内心的共识,就是人类同心协力地追求“和平、和谐”;“共济”就是共同承担责任,共同面对挑战,共同抓住机遇。

中华民族是一个崇尚“和合”文化、追求团结统一的民族大家庭。历史上,从建立起高于部落联盟的原始政治机构开始,中华民族经历数次大迁徙、大融合,形成了根深蒂固的“天下一家”观念和中华民族文化心理,这个反映中华民族同宗共祖、四海一家共同情结的精神纽带,使各族人民紧紧地结为文化相通、血脉交融、命运相连的民族共同体。正是这种坚持中华民族整体利益至上的价值追求,激励不同地域、不同血脉、不同文明的各族人民共同抵御外侮、抗击灾难、奋斗不息,谱写了一曲曲从纷乱走向统一、从动荡走向稳定,共同发展进步的壮丽凯歌。

维护民族团结　构建和谐新疆

当前,世界形势、周边形势、国内形势发生了深刻变化。实现中华民族伟大复兴的“中国梦”,更需要民族的团结、边疆的安宁。我国少数民族优秀传统文化是中华民族优秀传统文化的重要组成部分。我们应该继承少数民族优秀传统文化,深入挖掘其在加强民族团结教育中的当代价值,进行民族团结教育,从而实现各民族共同团结奋斗、共同繁荣发展,推动社会主义和谐社会的构建,有效抵御外来文化的渗透,提高我国文化的民族凝聚力和竞争实力。

相关链接

一则格言,影响深远

“四海之内,皆兄弟也”是一则产生最早、流传最广、影响最深的民族团结格言,也是我国产生最早的民族团结理论。这则格言,首见于《论语·颜渊》,是孔子的弟子子夏首先引用的一句格言，其产生年代，应当更早一些。对这句格言，古籍《尔雅》的解释是:“九夷八狄七戎六蛮，谓之四海。”也就是说，所谓“四海”，是中国古代汉族同胞对各少数民族的泛称，他们都是我们汉族同胞的兄弟。在这样的思想指导下，我国古代民族关系中，产生了一股健康向上的清新之风。在这种思想占主导地位的时代，社会进步，民族关系融洽，“数世不见烟火之警，人民炽盛，牛马布野”;反之，则社会倒退，生灵涂炭，“野有暴骨矣”(引文见《汉书·匈奴传》)。 现在，从我国实行的“平等团结、友爱互助”的民族政策中，依然可以看到“四海之内，皆兄弟也”的历史延续。一则格言，影响一个国家达数千年之久，对这个国家内的众多民族产生共同影响，这种现象，举世罕见。这是中华民族的骄傲，也是中华民族对世界文化的重要贡献。

> 深入开展民族团结进步教育，加快民族地区发展，促进各民族和睦相处、和衷共济、和谐发展。

我国是一个多民族的社会主义国家。实现社会主义现代化，是各族人民多少年来的共同心愿和共同事业。其成败离不开包括各族人民在内的全体中国人民的齐心奋斗，和衷共济;离不开包括民族团结在内的整个国家安定团结的政治局面。

相关链接

“事成于和睦，力生于团结”是维吾尔族人的著名谚语。民族团结是新疆各族人民的生命线，这条生命线已浸润到了各族人民的骨骼血脉中，构筑起了你中有我、我中有你、水乳交融的血肉关系，形成了守望相助、休戚与共、和谐发展的良好局面。

· 立己达人是社会关爱的至高境界 ·

学习是成长进步的阶梯，实践是提高本领的途径。青少年的素质和本领直接影响着实现中国梦的进程。

当前，青少年的思想道德状况总体是好的，热爱祖国、积极进步、团结友爱、文明礼貌、健康向上已经成为青少年精神世界的主流。同时，我们也要清醒地认识到，一些青少年在人生理想、价值观念、道德情操以及社会公德方面，还存在着一些不容忽视的问题。因此，加强青少年的思想道德建设，提高青少年的思想道德素质，是直接关系到社会主义现代化事业建设成败的大事。

新疆班同学参加义务除草活动

关于“我”与“他人”的关系，下列有四种说法或看法：

有人赞同：“我为人人，人人为我。”

有人认为：“先为自己，后为他人。”

有人认为：“人不为己，天诛地灭。”

有人赞同：“毫不利己，专门利人。”

▶对以上四种说法发表自己的意见，谈谈你认同的观点是什么？

“己欲立而立人，己欲达而达人”是孔子的一个重要思想，也是实行“仁”的重要原则。如果能够“推己及人”也就做到了“仁”。这是儒家道德修养中用于处理人际关系的重要原则。

立己达人，是人生的高境界。孔子的这一修身高标，引领许多人走向成功，也着实充盈着社会关爱的内涵。一个人成功很容易，难的是让周边的人都能成功。

立己达人，是社会关爱的至高境界。一个人只有把自己置于温暖的社会形态下，并且用博爱、善良、成人之美的大度、鼎力相助的慷慨，不断增加这个社会的温度、热度，个人的价值才会更大，团队的力量才会更强，社会关爱才会更普遍。

社会关爱是一个时代、一个社会所必需的，是一个人走向成熟、成功所必需的。让人人都有成功感，需要的就是凝心聚力的智慧和卓识，而一个人内心的使命感、责任心和创造力一旦被激发出来，其所创造的自身价值和社会价值就不可估量。

“一带一路”是“丝绸之路经济带”和“21世纪海上丝绸之路”的简称。

2013年9月7日，习近平主席在哈萨克斯坦发表重要演讲，首次提出了加强政策沟通、道路联通、贸易畅通、货币流通、民心相通，共同建设“丝绸之路经济带”的战略倡议；2013年10月3日，习近平主席在印度尼西亚国会发表重要演讲时明确提出，中国致力于加强同东盟国家的互联互通建设，愿同东盟国家发展好海洋合作伙伴关系，共同建设“21世纪海上丝绸之路”。

“一带一路”绘就发展新蓝图

共建“一带一路”致力于亚欧非大陆及附近海洋的互联互通，建立和加强沿线各国互联互通伙伴关系，构建全方位、多层次、复合型的互联互通网络，实现沿线各国多元、自主、平衡、可持续的发展。“一带一路”的互联互通项目将推动沿线各国发展战略的对接与耦合，发掘区域内市场的潜力，促进投资和消费，创造需求和就业，增进沿线各国人民的人文交流与文明互鉴，让各国人民相逢相知、互信互敬，共享和谐、安宁、富裕的生活。

共建“一带一路”符合国际社会的根本利益，彰显人类社会共同理想和美好追求，是国际合作以及全球治理新模式的积极探索，将为世界和平发展增添新的正能量。

▶说一说“一带一路”是如何体现“立己达人”的传统文化思想。

相关链接

“立己达人”语出《论语·雍也》，原文为“己欲立而立人，己欲达而达人”。意思是自己想成功首先要让别人成功，自己想被人理解，首先要理解别人。它与“己所不欲，勿施于人”共同组成儒家的道德准则。

总之，我国是有着悠久仁爱历史的民族，儒家的仁爱尚礼和墨家的兼爱尚义这些中华传统美德，与我们社会主义核心价值观是一脉相承的。因此，在日常的学习生活中，我们应该用实际行动践行中华传统美德中平凡而深刻的做人道理，学会心存善念、理解他人、尊老爱幼、扶残济困、关心社会、尊重自然，积极发扬集体主义精神，树立生态文明意识，以爱为乐，以奉献为乐，促进社会的美满和谐，做一个高素养、讲文明、有爱心的中国人。

我们相信，只要人人都能够献一份爱心，担一份责任，出一份力量，从小事做起，关爱青少年，关爱老人，关爱社会弱势群体，常怀仁爱之心，做仁爱之人，只要同学们一点一滴的积累，哪怕是小小一个举动都足以让这个世界春暖花开。

第九课 正心笃志、崇德弘毅的人格修养

国有国体，人有人格。“人格”通俗来讲就是一个人的品格与素质。个人是社会的“细胞”，我们每个人的人格，决定了整个社会的“品格”。如果一个人没有一个健全的人格，他的财富再多、地位再高，对整个社会也不会有什么帮助。反之，一个具有良好品德修养和高尚情操的人，其地位越高、财力越强，帮助他人的能力也越大越强。一个国家，无论社会经济如何高速增长，国力如何强大，如果其人民缺乏一个良好的人格修养，道德水平不增反降，那么发展的意义何在？在建设社会主义精神文明中，我们应该如何从中国五千年的传统文化中吸取传统美德并加以发扬光大？

· 做一个品行端正的人 ·

据2014年5月6日《光明日报》报道：“2014年4月24日是学校期中考试的日子，在汉铁高中有这样一个‘特别的考场’：考试铃响，老师在确保每位同学都拿到试卷后便转身离开了。整场考试见不到监考老师的身影。”从2013年2月起，新疆部3个年级6个班的全体学生，考试无论大小，都是无人监考。“无人监考的考场，从未发现任何舞弊行为。”

设置“诚信考场”是新疆部学生会自己的点子。“我们代表家乡来到这里，就应该做到最优秀！”古丽波斯坦很自信，“用与学习有关的‘小行动’展示自己，说到就要做到。所以我们发起倡议，同学们纷纷签名承诺诚信考试，最终得到了学校的支持！”

新疆班的“诚信考场”

▶在“诚信考场”上，汉铁高中新疆班的同学们向学校交出了一份诚信的满分答卷。如果在无人监考的情况下，你也会像汉铁高中新疆班的同学们那样做到诚信考试吗？

▶“诚信考场”作为一种新兴的考试模式，在近几年来备受关注。许多高中推出这种考场形式，以此来检测学生的知识和品德。但遗憾的是，在这种“诚信考场”中也检测出一些同学的诚信品质存在一定的问题。对此，你有何感想？

司马迁潜心撰写《史记》

古往今来，代表中华传统文化的先贤们无不重视道德的修养和人格的锻造提升。中国传统文化中注重个人修养，追求人格完善的美德传统在春秋战国时形成，汉代以后，尤其是历经宋明理学的发展，更进一步强化。正心诚意，是中国古代儒家所倡导的一种内心道德修养过程。

专家点评

“正心诚意”出自《礼记·大学》：“欲修其身者，先正其心；欲正其心者，先诚其意。”正心是说心要端正而不存邪念；诚意是指意必真诚而不自欺。原是儒家提倡的一种修养方法，现也泛指心地端正诚恳。

“正心”居于首要地位。“立德之本，莫尚乎正心。”（《傅子·正心篇》）可见，“正心”乃立德之本。

名人故事

新疆妈妈　感动中国

阿里帕·阿力马洪（图中年长者）和孙子、孙女们在一起

“不是亲骨肉，但都是她的孩子。她展开羽翼，撑起他们的天空。在她的家里，水浓过了血，善良超越了亲情，母爱最真！”这是2009年2月11日中央电视台举行的2009年度“感动中国”人物评选颁奖晚会上写给一位伟大母亲的颁奖词，这位母亲就是新疆阿勒泰地区青河县青河镇退休干部——维吾尔族妈妈阿里帕·阿力马洪。40年来含辛茹苦收养了汉族、回族、维吾尔族、哈萨克族4个民族的10个孤儿，加上自己的6个孩子和收养邻居的3个孩子，阿里帕夫妇和19个儿女共同组成了一个多民族的大家庭。这个家庭共有180多口人，阿里帕妈妈的故事感动了2000多万新疆各族人民。

阿里帕·阿力马洪，中国母亲的代表，她以博大的慈母之心，创造了人间至真至纯的旷世奇爱。这爱博大，比山高，比海深；这爱无疆，超越了亲情，跨越了民族；这爱如青格里的河水静静流淌，滋润着各族儿女的心田，撼动了每个人的心灵。

正心诚意是品行端正的彰显。它是做人的一种高贵的品质，也是在与人交往中能够取得成功的基本前提。它的魅力在于不说假话、大话，以诚待人，以心感人。不论你从事什么职业，也不论你在何时何地，都离不开“真诚”二字。真诚是一种心灵的开放，是一种无私的付出。只有真诚地对待他人，才能获得他人真诚的回报，同学之间只有互相理解，互相关心，才能产生真挚的友情。具有正心诚意的人，也是一个心地善良的人。心地善良就是有道德、德行好、人品温厚，它是人性中最温暖、最柔弱、最心动的那么一缕光辉。

> 把自己的私德健全起来，建筑起“人格长城”来。由私德的健全，而扩大公德的效用，来为集体谋利益。
>
> ——陶行知

任何一个人，要立身于世，就必须要加强道德修养，自觉遵守社会公德、职业道德和家庭美德，做一个心地坦荡、品行端正的人。

· 做一个笃志好学的人 ·

志向就好比树木的根，根深了，树叶和枝干才能葱郁茂盛；志向又好比小鸟的翅膀，翅膀硬了，小鸟才能在更高的蓝天上展翅飞翔。根深才能叶茂，志远才能高飞。一个人，只有确立了高尚、远大的志向，才会产生坚强的毅力和奋发向上的力量。无论做人还是求学，都要从小立志，做到坚忍不拔，持之以恒，方能最终成功。

好学为福

学习是一个人增长才干、提高素质的重要途径。当今时代，科技进步日新月异，知识更新不断加快，对于我们青少年学生来说，如果不抓紧学习、不抓好学习，不在学习中不断提高自己，就难以肩负历史责任，甚至难以在这个时代立足。

今天，我们要为祖国的繁荣富强而努力学习，不仅要牢固树立终身学习的思想，同时还要以谦逊的态度、顽强的毅力去学习，既要从书本知识中学习，又要从人民群众的生动实践中学习，立志做一个勤奋好学的人。

> 古之立大事者，不唯有超世之才，亦必有坚忍不拔之志。
>
> ——苏轼

名人故事

司马光

司马光(1019—1086年),北宋政治家、史学家、文学家,主持编纂了中国历史上第一部编年体通史《资治通鉴》。他为人温良谦恭、刚正不阿;做事用功刻苦、勤奋。以"日力不足,继之以夜"自诩,其人格堪称儒学教化下的典范,历来受人景仰。

司马光小时候是个贪玩贪睡的孩子,为此他没少受先生的责罚和同伴的嘲笑,在先生的谆谆教诲下,他决心改掉贪睡的坏毛病,为了早早起床,他睡觉前喝了满满一肚子水,结果早上没有被憋醒,却尿了床,于是聪明的司马光用圆木头作了一个警枕,早上一翻身,头滑落在床板上,自然惊醒,从此他天天早早地起床读书,坚持不懈,终于成为了一个学识渊博的写出了《资治通鉴》的大文豪。

名词点击

笃志,意思是指专心致志,一心一意。"笃志"一词出自《论语•子张》:"子夏曰:'博学而笃志,切问而近思,仁在其中矣。'"意思是说,博览群书广泛学习,而且能坚守自己的志向,恳切地提问,多考虑当前的事,仁德就在其中了。极广博地学习,又有一个追求的中心,这就叫"博学而笃志"。

· 做一个崇尚美德的人 ·

扶还是不扶?

老人摔倒在地,任何人的本能反应都是"扶一把",这也是传统道德最基本的要求。"扶一把"扶出社会"正能量"。

但是近年"扶人被讹"事件屡屡发生,民众在"扶与不扶"之间引发空前热议,越来越多的人对搀扶跌倒老人而担心。近日,支付宝在"我的保障"中新增了一项"扶老人险",用户支付3元,一年期间最高可获得2万元的法律诉讼费用,并提供全年的法律咨询服务。

小李说,当你遇到一位倒地的老人需要帮助时,你没有立即上前搀扶,而是默默地拿出手机花个3元在支付宝上先为自己投个保。就算自己是真心想帮助,道德信任却碎了一地。虽然,投保一定程度上保护了自己,但是道义层面上总是缺乏一丝人间温暖。

小王说,虽然说老人讹人的只是少部分人,只是个案,但是我们在实施帮助的时候就刚好遇见那一少部分人了呢?我们该怎么办?为了不被讹,还是不去扶的好。

小张说,危难时刻扶人一把,不仅是个人行善积德更是弘扬道德正能量。偌大个中国,不能连个跌倒的老人都扶不起,因此该扶的还是要扶。

▶如果你也参与这次讨论，你赞成以上哪个人的观点？请说明你的理由。

老吾老以及人之老

人，因充满美德而变得更美丽。国家，因充满美德而变得更和谐。世界，因充满美德而变得更缤纷。我们伟大的中华民族，孕育了五千年的辉煌，五千年的历史，留下了璀璨的传统文化。在这川流不息的历史的长河中，中华美德熠熠生辉。

美德，是至善、至纯、至高人性的结晶，它源自生活又融入生活，只要我们用心去感悟，就会发现它无处不在。矢志爱国、善待自然、宽以待人、尊师重道的事迹如中国的瑰宝，数不胜数。今天我们要建设祖国，振兴中华，需要每一个中国人身体力行，发扬中华传统美德，认真遵守“爱国守法、明礼诚信、团结友善、勤俭自强、敬业奉献”的公民道德。弘扬中华美德离我们并不遥远，我们应该要从小做起，树立社会主义核心价值观，做一个崇尚社会美德的人。

相关链接

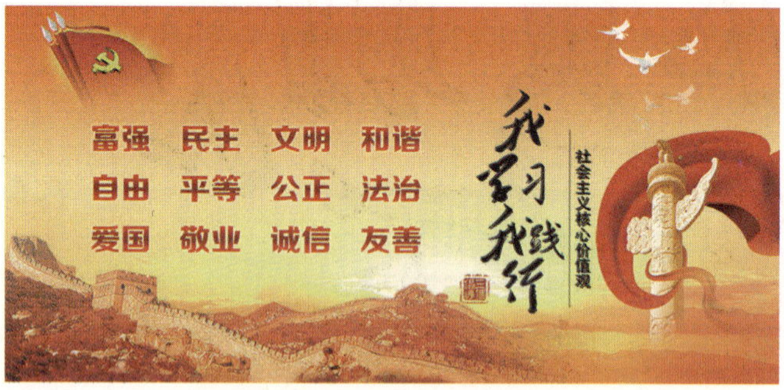

社会主义核心价值观的基本内容

党的十八大提出，倡导富强、民主、文明、和谐，倡导自由、平等、公正、法治，倡导爱国、敬业、诚信、友善，积极培育和践行社会主义核心价值观。富强、民主、文明、和谐是国家层面的价值目标，自由、平等、公正、法治是社会层面的价值取向，爱国、敬业、诚信、友善是公民个人层面的价值准则，这24个字是社会主义核心价值观的基本内容。社会主义核心价值观是社会主义核心价值体系的内核，体现社会主义核心价值体系的根本性质和基本特征，反映社会主义核心价值体系的丰富内涵和实践要求，是社会主义核心价值体系的高度凝练和集中表达，是对我国的每一个成员的严格要求。

美德故事

鹿乳奉亲

郑子，春秋时期人。父母年老，患眼疾，需饮鹿乳疗治。他便披鹿皮进入深山，钻进鹿群中，挤取鹿乳，供奉双亲。一次取乳时，看见猎人正要射杀一只麂鹿，郑子急忙掀起鹿皮现身走出，将挤取鹿乳为双亲医病的实情告知猎人，猎人敬他孝顺，以鹿乳相赠，护送他出山。

·做一个宽宏坚毅的人·

远足青山励志动员会

为丰富学生课外生活，锻炼意志，培养吃苦耐劳精神，2014年11月22日上午，当涂二中开展高一年级和新疆班远足励志活动，活动路线是从学校出发到大青山脚下护河桃花村再折返学校，历时4个多小时的长途跋涉。

此次远足活动，既是一次“长征”，也是一次励志教育，更是一场挑战自我极限的战斗，它将定格在同学们美好的青春记忆中。

▶这次远足活动返校后，有的同学却大呼：“累死了，下次我再也不参加了！”也有的同学说：“非常有意义的活动，下次如再组织，我还要踊跃参加！”对此，你的看法是什么？请谈谈你的认识。

宽宏坚毅是中华民族精神的重要内容。正是因为有了这种精神，中华民族才能够立于世界民族之林，并一步一步走向辉煌。当前，中华儿女正在为实现伟大的“中国梦”而不断地努力奋斗。中国梦，凝聚了几代中国人的夙愿，是每一位中华儿女的共同期盼。我们一定要把意志和力量凝聚到实现中国梦上来。

名词点击

“弘毅”语出《论语·泰伯》：“曾子曰：士不可以不弘毅，任重而道远。”曾子被誉为“宗圣”。“弘毅”，意为气象恢宏，意志坚强。“弘毅”要加强意志磨炼，努力做到宽宏坚毅，锲而不舍。

坚强的意志对于人生有着极大的作用。人的一生不可能永远是一帆风顺的，在人生的道路上，总会遇到这样或那样的困难和挫折。当我们遇到挫折的时候，就要学会坚强地去面对，用顽强的意志去战胜困难。只有这样坚持下去，我们才能最终获得真正的人生，从而走向成功的彼岸。

正心笃志、崇德弘毅就是一种品德修养。青少年学生应该有良好的人格修养，努力做到扬善抑恶，明辨是非，遵纪守法，应该培养豁达乐观的人生态度、奋发向上的进取精神、坚定执着的理想信念和坚韧顽强的意志品质，自觉传承中华民族优秀的道德思想，做一个品德高尚的中国人。

文化名人

王洛宾（1913—1996年），名荣庭，字洛宾，曾用名艾依尼丁，汉族人，出生北京，中国民族音乐家。这位被誉为中国“西部民歌之父”的音乐大师，一生历经坎坷，身陷囹圄，妻离子散，长期处于心理压力极大的逆境中。然而他却以“胜似闲庭信步”的态度，投身于大西北的沙漠孤烟之中，创作了《在那遥远的地方》等多首西部民歌。

他的作品多以情歌为主。其中，《在那遥远的地方》和《半个月亮爬上来》被评为20世纪华人音乐经典，并且荣获国家颁发的“金唱片特别创作奖”；《达坂城的姑娘》《阿拉木汗》《掀起你的盖头来》《可爱的一朵玫瑰花》《玛依拉》《青春舞曲》和《在银色的月光下》等西部民歌，在国内外广为流传，已成为中华音乐宝库中的经典之作。

为表彰他为20世纪中华音乐传播所作出的突出贡献，联合国教科文组织于1994年7月授予他“东西方文化交流特别贡献奖”。

王洛宾一生创作歌剧7部，搜集、整理、创作歌曲1000余首，出版歌曲集6册。

王洛宾

第十课 爱国主义思想是中华传统文化的精华

自古以来，爱国的思想和行为受到人们的褒奖和敬仰。中华民族的爱国主义优良传统源远流长。中华民族历史上许许多多爱国志士，他们刻骨铭心的爱国之情，矢志不渝的报国之志，生死不移的爱国之行，感人肺腑，流播四海，代代传颂。

·爱国主义是中华民族的优良传统·

◇为了加强中华优秀传统文化教育，当涂二中新疆班在清明节期间举行“缅怀先烈丰功伟绩，接受革命传统教育”的爱国主义教育活动。2014年4月6日上午，新疆班全体同学来到和县西梁山脚下，参观了和县革命烈士纪念馆。馆内设有旧民主主义革命阶段、新民主主义革命阶段、抗日战争时期、解放战争时期、社会主义建设阶段五个展厅，记录了近百年来在和县这片土地上，许多仁人志士为争取民族的独立、解放和人民的自由、幸福，前仆后继，英勇斗争，用自己的鲜血和生命谱写的惊天地、泣鬼神的壮丽史诗。

新疆班学生还游玩了褒禅山、霸王祠等名胜古迹。中国历史上11世纪伟大的改革家王安石曾在褒禅山写出了著名的《游褒禅山记》。

新疆班同学在认真观看烈士的遗物

▶请同学们说一说参观革命烈士纪念馆对我们青少年的健康成长有什么现实意义。

▶我们应该如何向革命先烈们学习？

新疆班同学驻足在王安石塑像前

◇王安石，中国历史上杰出的政治家、文学家、思想家、改革家，唐宋八大家之一。宋神宗执政之时，王安石任宰相，曾发动改革，史称“王安石变法”，这是中国历史上一次著名的变法改革。王安石以“天变不足畏，祖宗不足法，人言不足恤”的精神推动改革，力图革除北宋存在的积弊，推行一系列措施富国强兵。

▶请谈一谈王安石的改革精神对当前我们社会改革有什么重要的启示。

▶假如让你写一封信寄给王安石，你应该如何写这封穿越历史的信？

任何民族的繁荣、任何国家的富强，都离不开爱国主义的巨大力量，它是一个民族、一个国家鼓舞人们团结奋斗的光辉旗帜。中华民族有着深厚的爱国主义传统，五千年沧海桑田，伟大的爱国主义精神不断孕育和传承，成为国家统一和民族团结的牢固纽带。

中华民族悠久伟大，爱国主义作为一种精神支柱和精神财富是起了重要作用的，爱国主义是一种深厚的感情，一种对于自己生长的国土和民族所怀有的深切的依恋之情。这种感情在历史的长河中，经过千百年的凝聚，无数次的激发，最终被整个民族的社会心理所认同，升华为爱国意识。它也是一种道德力量，它对国家、民族的生存和发展具有不可估量的作用。

相关链接

“天下为公”的“大同”社会

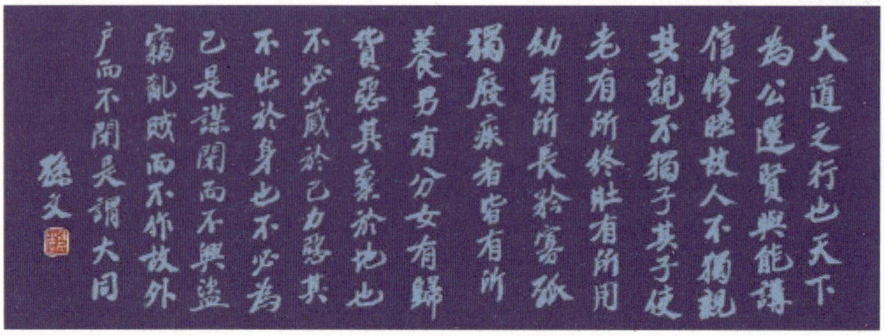

孙中山手书《礼记·礼运篇》

《礼记》中的《礼运篇》所描述的“天下为公”的“大同”社会，就是儒家的思想家们的社会理想的描绘。这种社会理想，正表现出他们关心国家民族的志向。

《礼记》是两千多年前的儒家经典，虽然后来历代统治者和儒家各派往往对它采取各取所需的解释，但“大同”思想两千多年来对中国思想家们产生了巨大的影响，直至近代，它对太平天国的领袖洪秀全和中国民主革命伟大的先行者孙中山先生也产生了颇为深刻的影响。足见忧国忧民、以天下为己任的思想在中国世世代代的爱国志士仁人中扎根之深，流源之远。在这个思想的影响下，一代又一代的先进人物以此立志，为此献身、赴汤蹈火，他们的伟大抱负、英勇业绩、血性文章，谱写了一代代爱国史诗，在人民的心中竖立起一座座丰碑。

· 爱国主义是中华优秀传统文化的核心 ·

新疆班同学认真听民警们讲说国旗的故事

◇2013年9月30日下午，当涂姑孰派出所民警来到当涂二中，与新疆班学生举行国庆联谊活动。在活动中，民警们给学生们认真讲解国庆节日和国旗的由来，以及五星红旗的深刻含义，教育学生们要热爱祖国，心系中华，要尊重国旗、爱惜国旗，引导学生们要努力学习、争取早日成才，为国家稳定、民族团结作出自己的贡献。

◇为了维护国旗的尊严、增强公民的国家概念，发扬爱国主义精神，1990年6月28日，第七届全国人民代表大会常务委员会第十四次会议通过了《中华人民共和国国旗法》，并于1990年10月1日施行。国旗法规定：中华人民共和国国旗是中华人民共和国的象征和标志。每个公民和组织，都应当尊重和爱护国旗。

▶中华人民共和国国旗是五星红旗。你能说出中华人民共和国国旗的象征意义吗？

▶作为一名中学生，谈一谈我们应该如何尊重我国的国旗，如何为国旗增辉添彩。

爱国主义，是中华优秀传统文化的核心，更是中华优秀传统文化的精华。优秀传统文化之所以有强大生命力，就在于它的精神境界之博大，心怀天下，志存高远，有以天下为己任的责任感。爱国主义思想，在不同的时代有不同的内涵，后一时代的人们总是把前一时代的优秀思想精华继承下来，而且有新的补充，发扬光大。经过世世代代的沉积、凝集、升华，中华民族的爱国主义思想总是围绕着“忧国忧民、以天下为己任”这个中心。忧国忧民，以天下为己任，在不同时代虽也有不同的具体内容，但围绕着国家的统一、安宁、稳定、发展这一主题始终没有改变。爱国主义自始至终贯穿在我们这个伟大民族的历史中，也历来是凝聚动员和鼓舞全国人民团结一致、共同奋斗、共同前进的一面旗帜，是推动我国社会历史前进的巨大力量，更是全国各族人民共同的精神支柱。

专家点评

爱国主义是指个人或集体对“祖国”的一种积极和支持的态度。它包含了对祖国的成就和文化感到自豪；强烈希望保留祖国的特色和文化基础；对祖国其他同胞的认同感。爱国主义是一个历史范畴，在社会发展的不同阶段、不同时期有不同的具体内涵。在当代中国，爱国与爱社会主义本质上是一致的。发展中国特色社会主义，拥护祖国统一，是新时期爱国主义的主题。改革开放特别是进入新世纪新阶段以来，我国所处的国内外环境发生了很大的变化，爱国主义有了更加符合实际、更加有利于凝聚人心、鼓舞士气和团结最大多数人的新内涵。在现阶段，爱国不仅与爱社会主义具有一致性，同时与拥护国家统一有一致性、与努力发展祖国经济有一致性、与坚持学习全世界的领先科技自主发展我国科技有一致性、与每个中国人的生存发展有一致性。爱国最基本、最本质、最重要的表现，就在于不遗余力地巩固最广泛的爱国统一战线，为维护祖国统一，加强民族团结，构建和谐社会，实现中华民族的伟大复兴而作出自己的贡献。

以爱我中华为各族人民共同心愿的爱国主义思想，是在中华大地上披荆斩棘、辛勤耕耘、刻苦创造、奋力拼搏、励精图治而百折不挠的各族人民，用汗水、泪水和鲜血凝成的思想结晶，经过数千年历史的惊涛骇浪洗礼，它越发光芒四射。新时期的爱国主义强调民族团结，强调时代精神，强调为中国特色社会主义事业的繁荣发展作出应有贡献。如今爱国主义精神仍未过时，因为它是一种动力和民族凝聚力。对于年轻一代来说，有着高昂的民族精神和爱国主义精神，才能带来可持续发展的巨大动力。爱国主义是当代青年最主要的价值导向。

新疆班“庆国庆”手抄报

· 做有自信、懂自尊、能自强的中国人 ·

主持人正在主持演讲比赛活动

2015年9月6日上午，当涂二中新疆班在综合楼三楼活动室举行纪念中国抗战胜利70周年演讲比赛。纪念这场伟大的胜利，就是要永远铭记惨遭日本侵略者杀戮的无辜死难同胞；永远铭记在抗日战争中英勇战斗、为国捐躯的烈士；永远铭记参加抗日战争的老战士、爱国人士、抗日将领；永远铭记为抗战胜利建立了功勋的海内外中华儿女；永远铭记支援和帮助了中国抗战的外国政府和国际友人。铭记这段历史，是因为它的悲壮惨烈与不屈抗争应该成为民族的集体记忆，更是希望从中汲取智慧启迪，获得开创未来的现实力量。

新疆班选手在进行演讲

▶说一说新疆班学生会组织这次纪念中国抗战胜利70周年演讲比赛活动的现实意义。

▶谈一谈我们应如何做一个有自信、懂自尊、能自强的当代中学生。

重视祖国的历史，崇敬民族的先杰，热爱中华文化，是民族的自信。

爱国者支持北京奥运

文化是国之灵魂，是民族精神的生动诠释。我们常常骄傲地告诉世人：我们拥有雄伟壮观、震撼人心的建筑遗产；我们拥有睿智通达、启迪思想的先贤著作；我们拥有婉转悦耳、绕梁三日的民族乐曲……中华文化博大精深、源远流长，是世界文化大花园中一朵璀璨的奇葩。中华民族创造的灿烂文化，不仅对今天中国人的价值观念、生活方式和中国的发展道路具有深刻的影响，而且对人类的进步和世界文化的发展产生了深远的影响。

名人故事

王中山

王中山，中国当代著名古筝演奏家、教育家。作为民乐界“四大天王”之一，曾获“国际中国民族器乐独奏大赛”古筝第一名，素有“天下第一快手”和“筝坛神手”美称。

有一次，他在某地演出接受记者采访时说，虽然现在西方音乐比较强势，但我不主张民乐与国际接轨，这是不自信的体现。音乐应体现民族应有的审美，古筝以简为美，大音稀声，追求自然的和谐。传统民乐体现东方音乐几千年来的灿烂文化特点，我们要热爱中国传统文化，传承、弘扬中国文化，做一个自信的中国人。

文化之于国如同灵魂之于人，文化自尊的根本在于文化自信的存在。当我们可以守得住自己的文化之根，并能够将它传承、发扬，进而传播到世界各地的时候，我们就可以满怀中国文化自信心，中国文化也将在世界舞台上大放异彩。

> 自信人生二百年，会当击水三千里。
>
> ——毛泽东

我们用几十年的时间走完了西方国家上百年乃至几百年的发展进程，在取得巨大成就的同时，也不可避免地积累了一些社会矛盾和问题，如贫富差距、地区差距、城乡差距、腐败，乃至交通、环境、资源、教育、就业、社会保障、社会治安等。对此，每一个对国家、对民族、对这片土地充满感情的中国人都为之心焦，希望能够尽快解决这些问题，让我们的国家发展得更好，让我们的社会更加公平，让我们的人民生活得更好。

然而，在现实社会中，尤其是在网络时代，西方不少别有用心的人始终都在通过各种渠道试图诋毁中华传统文化，唱衰中国，破坏中国发展的大好局面。

▶面对有人诋毁中华传统文化，唱衰中国，你应该如何判断和选择？

▶现实中，中学生中往往会有个别人抱着“西方的月亮比中国圆”的思想。你是怎么看的？为什么？

青少年学生，代表着祖国和民族的未来，代表着社会主义现代化事业兴旺发达的希望。因此，在实现中华民族伟大复兴的“中国梦”的过程中，我们必须坚定自己的理念，时刻牢记自己的历史使命，肩负起时代的重任，以祖国的繁荣为最大的光荣，以国家的衰落为最大的耻辱，增强国家认同感，做有自信、懂自尊、能自强的中国人。

以中华优秀传统文化助推中国梦实现

党的十九大报告指出:"文化兴国运兴,文化强民族强。""实现中华民族的伟大复兴,是近代以来中华民族最伟大的梦想。"实现这个伟大的中国梦,一个重要方面就是要传承和弘扬中华优秀传统文化,坚信中华民族必将因自身厚重丰富的优秀传统文化自立自强于世界民族之林,以中华优秀传统文化助推中国梦实现。几千年来,中华民族之所以能够薪火相传、绵延不绝,一个重要原因就是因为中华民族孕育形成了自己的独特文化。这种独特文化赋予中华民族强大的生命力,成为中华民族生生不息的根与魂。

中华优秀传统文化具有强大生命力。传统文化与现代文化不是先后替代关系,更不是对立关系。现代文化是从传统文化中发展而来的,今日之现代文化也会变为明日之传统文化。优秀的传统文化具有强大的正能量,应该为我们所传承和弘扬。中华优秀传统文化是中华民族不断创造积累的宝贵精神财富,几千年来从未间断、从未断裂,今天依然具有强大生命力。

中华优秀传统文化之所以具有强大生命力,还在于它注重吸收其他文化优秀成果,历久弥新。从某种程度上说,中华优秀传统文化的发展史就是一部不断自我创造、不断学习吸收其他文化优秀成果的历史。历史上,中原文化多次与各种少数民族文化交流碰撞,并在这个过程中不断丰富发展。近代以来,中华民族受到西方列强的野蛮侵略,中华传统文化受到西方文化的强烈冲击,但中国人民和中华民族进行了不屈抗争,对传统文化进行了深刻反思改造,从而使中华优秀传统文化焕发新的生机。

弘扬中华优秀传统文化有助于实现中国梦。文化具有引领风尚、教育人民、服务社会、推动发展的作用。在新的历史条件下,大力弘扬中华优秀传统文化有助于实现伟大的中国梦。

"中国梦"与中华优秀传统文化的关系

◇ 实现中国梦需要继承和弘扬中华优秀传统文化中的家国天下情怀

习近平总书记指出,"没有文明的继承和发展,没有文化的弘扬和繁荣,就没有中国梦的实现"。中华民族伟大复兴的中国梦,深深植根于中华优秀传统文化的家国天下情怀之中。中国梦的基本内涵是实现国家富强、民族振兴、人民幸福,其基本精神的背后,蕴藏着绵延已久的家国天下情怀，折射着内心深处的命运共同体意识，凝聚着振兴中华的文化血脉。

中华优秀传统文化中的“修身齐家治国平天下”“天下兴亡，匹夫有责”“以国家之务为己任”“位卑未敢忘忧国”“投死为国，以义灭身”“死国，忠义之大者”等思想，是古代先贤对国家兴亡的关注，对民族兴亡的关情，这一家国天下的理想和情怀，深深地勾勒出国家兴盛、民族富强和百姓幸福这一贯穿于中华优秀传统文化中绵延数千年的精神主线。这种对民族前途、国家命运的高度关切，这种将个人理想与天下理想合一的精神追求，揭示了中华优秀传统文化的主流价值观，折射出中国梦基本内涵所昭示出的文化基因。作为国家梦、民族梦和人民梦相统一的中国梦，是传承中华优秀传统文化中家国天下情怀的深刻体现。

◇ 实现中国梦需要继承和弘扬中华优秀传统文化中的自强不息精神

习近平总书记指出：“独特的文化传统，独特的历史命运，独特的基本国情，注定了我们必然要走适合自己特点的发展道路。”中国梦的实现进程历经艰辛和曲折，在不断地探索和奋斗中，我们最终在实践中走出了一条适合自己的具有中国特色社会主义道路。而中华优秀传统文化中的自强不息精神，则赋予了我们创新精神、文化自觉和文化动力。

在中华优秀传统文化中，自强不息的精神体现既有“天行健，君子以自强不息”的进取意识，又有“变则通、通则久”的创新精神；既有“敢为天下先”的锐气勇气，又有“六经注我、我注六经”的自觉自信，这决定了我们必须以强烈的使命感责任感坚持走独立自主、奋发图强的道路，决定了我们必须打破条条框框限制和教条主义束缚坚持走解放思想、实事求是、改革开放的道路，决定了我们必须以巨大的理论勇气和创新精神坚持走马克思主义基本原理与中国具体国情相结合的道路。可以说，这条道路就是基于中华优秀传统文化中“自强”“创新”“实事求是”“革故鼎新”这些文化基因的选择结果，这一文化基因，提供了我们在实现中国梦的进程中坚持走中国特色社会主义道路的文化动力和道路自信。

◇ 实现中国梦需要继承和弘扬中华优秀传统文化中的和而不同思想

习近平总书记指出：“中国梦要实现国家富强、民族复兴、人民幸福，是和平、发展、合作、共赢的梦，与包括美国梦在内的世界各国人民的美好梦想相通。”中国梦之所以是和平之梦、共赢之梦，之所以与各国梦、世界梦命运相关，心意相连，就是因为中华优秀传统文化中的和而不同思想，为自己的梦想标明了文化指向。

在中华优秀传统文化中，“和”文化具有至关重要的地位和意义。“和为贵”“和而不同”“万物并育而不相害，道并行而不相悖”“各美其美，美人之美，美美与共，天下大同”等表述都是中华优秀传统文化中大同社会理想和开放兼容性质的生动表达。这一文化精粹体现在中国梦中，就是在中华民族伟大复兴的进程中，世界上不会发生像以往那种现象，即自己的崛起是以否定其他国家和民族的梦想为前提的，是以威胁和损害其他国家和民族的利益为代价的。中国的崛起是一种和平崛起，是一种文明崛起，是一种承认文明差异的共存性崛起和包容性崛起，最终促进实现“世界大同”的美好愿景。这种“和而不同”“包容性发展”的文化理念，反映了中国梦的特有文化指向。

◇ 实现中国梦需要继承和弘扬中华优秀传统文化中的以民为本理念

习近平总书记指出，“中国梦是国家的、民族的，也是每一个中国人的”。中国梦是全国各族人民共同的梦，是以广大人民群众为动力源泉的梦，是实现最广大人民群众根本利益的梦。人民幸福是中国梦、民族梦、个人梦的聚集点，决定了梦想追求的根本出发点和落脚点。受民众所托，忠民众之事，对民众负责，让民众幸福，体现在中华优秀传统文化的价值语境中就是以民为本。

在中华优秀传统文化中，以民为本理念中蕴含的“民惟邦本，本固邦宁”“民贵君轻”“民水君舟”等一系列重民、富民、贵民的思想，充分彰显了中华优秀传统文化的价值追求。这一价值追求体现在中国梦的价值追求中，就是中国梦既是国家和民族的梦想，也是每一个人的梦想，既要靠发挥人民主体性去实现，又要以人为本为人民造福，使发展成果公平地惠及全体人民，为实现人的全面发展而奋斗。正是这种理想追求的内在契合性，彰显出中国梦价值追求的中华优秀传统文化渊源。

▶想一想：实现“中国梦”为什么需要继承和弘扬中华优秀传统文化中的这些宝贵的精神和思想？

中国梦是中国的，也是世界的

中国梦引发“世界回响”

中国梦一经提出，立即在社会各界引起广泛共鸣，从报纸荧屏到街头巷尾，从QQ群到微博，中国梦成为激荡神州大地、承载亿万海内外儿女梦想和重托的热门词汇。与此同时，中国梦也成为许多国家政要、学者和媒体谈论的焦点。

◇英国《金融时报》则刊文称：中国的梦想，不仅关乎中国的命运，也关乎世界的命运。

◇美国未来学家、《中国大趋势》作者约翰·奈斯比特指出：强大的中国领导层，以及受过良好教育的众多党员，正利用千载难逢的机会按照自己的想法打造中国梦。

◇俄罗斯科学院远东研究所中国政治研究中心高级研究员亚历山大·拉林说，中国梦准确地阐释了当今人类的理想与追求，具有普遍性。

◇德国汉学家、民族学家南因果博士认为：无论是中国领导人还是民众，都对中国梦充满期待。中国梦是属于世界的，也是由亿万个普通中国人的个人梦想汇集而成的。

◇尼日利亚前总统奥巴桑乔说：中国梦不是政治口号，它勾画出了一个完全可以实现的愿景，很值得非洲学习。

◇美国《新闻周刊》载文称，中国梦会产生深远影响，将“重振中国光辉史”。

实现“中国梦”的追梦之旅

◇中国梦的实现离不开世界的和平安宁，同时，中国梦的实现将促进世界的和平安宁。为了实现这个梦想，从2013年3月开始，以习近平总书记为核心的党中央，秉承着以“中国梦”推动世界和平梦的理念，携手崇尚和平的国家和民族，让增进友谊的国事访问，成为实现“中国梦”的追梦之旅。他们的脚步遍布了近邻俄罗斯到远交非洲、拉美等各国。他们不远万里，将中国和平友好、互利共赢的和平发展理念播洒到世界的各个角落。

“中国梦”一直与世界紧密相连

◇“人相知，天地之德也，智者，天地相知。”中华民族，从来都是爱好和平的。历史的长卷中，铭刻着郑和“七下西洋”传递和平友谊的身影，记录着“丝绸之路”互利合作的足迹。“中国梦”一直与世界紧密相连。近代以来，整个世界不断进步，外来列强的入侵导致中国山河破碎、民生凋敝，无数仁人志士为了“独立梦”“解放梦”抛头颅、洒热血，为我们创造了今天的美好生活。正是因为来之不易，所以我们更加懂得和平与和谐的宝贵。但目前，经济社会转型时期的中国，一些矛盾逐渐凸显，一些敌对势力蠢蠢欲动，一些邻国也虎视眈眈，企图破坏和平友好的邦交友谊，让实现“中国梦”的征途坎坷重重。但我们需要坚定信心，只要与爱好和平的国家和民族携手共进，以和平推动发展，以发展捍卫和平，让“追梦之旅”成为促进世界和平繁荣、互利共赢的过程，中华民族伟大复兴梦必将渐行渐近。

中国梦的“三个维度”

◇ 中国梦不是做世界霸主的梦，而是和世界其他的国家共同繁荣、共同发展、和平相处的梦，这样的梦也不是去索取社会资源的梦，而是中国为世界做出更大贡献的梦，这是第一个维度，宏观的，中国和世界的关系。第二个维度是中观的，主要是在国家、民族和人民之间关系当中来讲，这个内涵就是三句话：“国家富强、民族振兴、人民幸福。”第三个是从微观的维度来讲中国梦的内涵，就是总书记讲的，让每个人人生出彩之梦，是每个人和祖国一起成长的梦。

活动建议

▶利用节假日时间，观看由中共中央宣传部组织、中央电视台和学习出版社联合摄制的电视政论片《百年潮·中国梦》，并写一篇观后感。

▶“中国梦”是实现中国特色社会主义现代化和中华民族的伟大复兴的长久动力。“中国梦”不仅致力于中国自身的发展，也强调对世界的责任和贡献，不仅造福中国人民，而且造福世界人民。收集相关材料，运用所学的知识，以“世界因‘中国梦’而精彩”为主题，写一篇小论文。

后　记

全国教育科学“十二五”规划课题“对口支援新疆高中班实施中华优秀传统文化教育的实践研究”是我校于2012年9月申报的，该课题于2012年11月被全国教育科学规划办正式立项，列为2012年度教育部重点课题（课题批准号为DEA120209）。

课题自2013年3月8日开题以来，课题组在上级领导的关心和支持下，在各位老师的理解和配合下，开展了丰富多彩的主题教育活动，让学生全方位感受中华传统文化的魅力，学习民族文化的精髓。同时，本课题以安徽和新疆两地学生所在的区域和社区为平台开展一系列的社会实践活动，充分利用社会资源，发挥区域文化、社区文化特有的育人功能，让学生了解社会、适应社会，提高学生参与社会生活的能力，增强学生社会责任感，培养学生“热爱家乡建设家乡”“热爱祖国、建设祖国”的美好情怀。

教育部于2014年3月26日印发的《完善中华优秀传统文化教育指导纲要》（以下简称《纲要》）强调：加强中华优秀传统文化教育，是深化中国特色社会主义教育和中国梦宣传教育的重要组成部分，是构建中华优秀传统文化传承体系、推动文化传承创新的重要途径，是培育和践行社会主义核心价值观、落实立德树人根本任务的重要基础。《纲要》同时指出，高中阶段，以增强学生对中华优秀传统文化的理性认识为重点，引导学生感悟中华优秀传统文化的精神内涵，增强学生对中华优秀传统文化的自信心。

为了更进一步推进我校中华优秀传统文化教育，根据《纲要》的精神，课题组立足于我校新疆班的教育教学的实际和特点，开发并编写了《中华传统文化教育》校本教材，这是我校中华优秀传统文化教育课题研究的重要成果之一，是全体课题组成员集体智慧的结晶。这本教材的编写，是我校积极实施中华优秀传统文化教育的一次重要实践。

传统文化教育校本课程的开发与实施，是一项全新的事业，为使“中华优秀传统文化教育”这一德育校本课程具有生命力、体现科研价值，课题组将不断地实践探索，总结提升，进一步完善我校中华优秀传统文化教育校本课程的体系。

2017年12月，根据党的十九大精神，我们对教材进行了修订。由于优秀传统文化教育校本教材组编时间比较短，相关教师的理论水平和研究水平有限，因此疏漏之处在所难免，希望师生们在使用教材的过程中，把意见和建议直接反馈给我们，以期今后将教材作进一步完善。

安徽省当涂第二中学“对口支援新疆高中班
实施中华优秀传统文化教育的实践研究”课题组

有关说明

本册教材中所配插的图片，大部分来自于当涂二中在“对口支援新疆高中班实施中华优秀传统文化教育的实践研究”这一课题研究过程中开展相关主题教育活动时所拍摄的新疆班学生的活动照片，也有部分图片是从新华网、人民网、光明网、天山网等门户网站相关的网页上下载的。同时，本册教材在编写中，参阅、引用或吸收了新华网、人民网、光明网、天山网等门户网站所刊载的有关学者和专家的文章内容和某些观点。谨在此，对当涂二中提供图片的老师，对新华网、人民网、光明网、天山网等门户网站及其相关学者和专家表示衷心的感谢！